Emilie Schindler
MEMORIAS

Emilie Schindler

# MEMORIAS

*Con la colaboración de Erika Rosenberg*

Planeta

Diseño de cubierta: Mario Blanco
Diseño de interior: Alejandro Ulloa

© 1996, Emilie Schindler y Erika Rosenberg

Derechos exclusivos de edición en castellano
reservados para todo el mundo:
© 1996, Editorial Planeta Argentina S.A.I.C.
Independencia 1668, Buenos Aires
© 1996, Grupo Editorial Planeta

ISBN 950-742-700-7

Hecho el depósito que prevé la ley 11.723
Impreso en la Argentina

Ninguna parte de esta publicación, incluido el diseño de la cubierta, puede ser reproducida, almacenada o transmitida en manera alguna ni por ningún medio, ya sea eléctrico, químico, mecánico, óptico, de grabación o de fotocopia, sin permiso previo del editor.

## AGRADECIMIENTOS

Emilie Schindler y Erika Rosenberg agradecen a Bernhard Scheuer y señora, así como al doctor J. Bedsky, por su larga amistad, que borra todas las distancias. A la fundación B'nai Brith, por su respaldo en momentos difíciles.

Quieren expresar también su especial reconocimiento a Marcos Mayer, por todo lo que hizo para que este libro pudiera llegar a manos de los lectores.

A Peter Apelt, del Instituto Goethe, y a Alvaro y Hernán Gutiérrez Zaldívar, por su apoyo incondicional y su indispensable estímulo.

Finalmente, a Eric y José Rosenberg, al recuerdo de Adela y Benno Band y a todos aquellos que con su ejemplo inspiraron la escritura de esta historia.

# PRÓLOGO
## *Desde el otro lado del mundo*

Sabrán disculparme algunos si lo que cuento no es exactamente lo que esperan, pero confío en que acabarán por agradecerme que no les mienta. Escribo desde el lugar donde se unen la luz y la sombra, ésa es mi única herencia. Oskar recibió todo el baño de luz que le reservaba la historia y siento que no es del todo justo. No por él, sino por aquello que los demás deben saber sobre los hechos tal como ocurrieron.

La película de Spielberg, el libro de Keneally y todos los ríos de tinta que se derramaron cincuenta años después pintan a Oskar como un héroe de este siglo. Esto no es cierto, ni él ni yo hemos sido héroes. Hemos sido tan sólo lo que podíamos ser. En la guerra todos somos almas errantes, sin destino. Yo he sido una de esas sombras fugaces que la barbarie, con sus miserias y pasiones, sus contradicciones y sospechas, registró en la memoria. Todo está aquí en mi cabeza y no duele... ¿no duele? Tal vez ya sea demasiado vieja para permitirme la complacencia del dolor. La edad también nos trae la calma, sus oscuridades y tibiezas. Ya no hay apuro, hablo de aquellos tiempos y dejo que, de vez en cuando, el presente me distraiga.

Falta una hora para que se termine el año 1994. Alguien que está sentado a mi lado recuerda cuánto ha cambiado el mundo en estos últimos tiempos: Alemania se ha reunificado definitivamente, se habla de la paz entre israelíes y árabes, la Unión Soviética se ha desmoronado... Pero la violencia no cesa, serbios y bosnios mueren en una guerra que parece amenazar a Europa, los atentados terroristas se repiten en Washington, París y Buenos Aires... En tan poco tiempo han ocurrido tantas cosas que todos estamos sumidos en una enorme incertidumbre, mientras lo viejo parece condenado a quedar enterrado para siempre. Pero nada es como parece, a pesar de que en una noche como ésta todas las miradas se dirijan al futuro.

Los amigos que me acompañan en la mesa no dejan de celebrar los platos simples con que he decidido agasajarlos. El clima festivo está a tono con las esperanzas que todos guardan para el año que comienza. De pronto, alguien llega de la cocina para proponer un brindis. Choca su cabeza contra la araña de caireles, un regalo de Francisco Wichter, el único sobreviviente de la "lista de Schindler" que vive en la Argentina. Todos gritan, temerosos de que se haya lastimado. Para mí lo que importa en ese momento es el bamboleo de la araña que hace que la luz y la sombra cambien continuamente de lugar. Mi mente se pierde en ese vaivén y no temo en momento alguno que el artefacto se desmorone. Está firmemente adosado al techo y no es la

# MEMORIAS

primera vez que alguien se choca con él. Esta araña se parece mucho a mí, es a prueba de golpes. La he colgado a esa altura porque ahora soy bajita y ya no corro ningún riesgo de chocármela. Tal vez cuando era joven y la enfermedad aún no me había hecho perder estatura, fui de esas que se llevan las cosas altas por delante.

Hasta hace un tiempo mi casa era un lugar poco frecuentado. Tan lejos de todo, a tanta distancia del mundo... Como hipnotizada, sigo el movimiento pendular de los caireles. Me abstraigo de todos los que me rodean, pienso que no estarían aquí si a alguien no se le hubiera ocurrido desenterrar la historia de mi marido, Oskar Schindler, del campo de concentración de Plaschow, de ese salvataje de más de mil judíos cuando su destino cierto e inevitable era la muerte.

Todo esto del lado de la luz... ¿Y del lado de la sombra? Ese es el sitio donde me he acostumbrado a vivir, como una niña que se ha perdido en el bosque y no sabe cómo retomar el camino de regreso a casa. Me pregunto si tiene algún sentido dejar estas penumbras. Alguien dirá: Emilie, son viejas historias. ¿Lo son, en realidad? Pasan por mi mente las escenas de la película de Spielberg y luchan por ocupar el lugar de los verdaderos recuerdos. Me resisto y vuelvo a ver los rostros de los que me rodean. La araña se ha detenido, todo es luz otra vez.

Pero los rostros satisfechos de los invitados evocan como en un sueño miradas lejanas y anónimas. Veo los ojos de aquellos obreros, los trabajadores judíos de la fábrica de municiones que Oskar y yo teníamos, hacia fines de 1944, en Brünnlitz, una pequeña ciudad checoslovaca... Los he vuelto a ver, ya envejecidos, en la Argentina, en Miami, en Palm Beach, en Nueva York. Me saludaban y me reconocían, pero yo no podía recordar ni sus nombres ni sus caras. Una mujer muy flaca y encorvada se me acercó en Los Angeles para agradecerme con voz temblorosa una barra de chocolate que le había regalado casi medio siglo antes. Rostros que salían de la sombra a traerme los frutos tardíos de una historia sembrada de muerte.

Los fantasmas de aquellos años me siguen de cerca. Algo que se me hace evidente en la noche de Año Nuevo, mientras el ruido y las luces de la pirotecnia parecen apoderarse de todo y el calor me recuerda que vivo al otro lado del mundo, a miles de kilómetros del lugar que me vio nacer... Vuelvo hacia atrás en el tiempo, se repiten en mi interior las imágenes de mi niñez, de mi casa paterna. Me invade una profunda tristeza... Y, sin embargo, sonrío. No me siento sola esta noche. He tomado la determinación de escribir mi historia, de compartirla con los demás, así como durante la guerra luchaba para conseguir pan y refugio a "mis judíos", si me permiten que los llame así.

Voy a contarles mi historia, es todo lo que tengo. No presentaré a Oskar como un héroe. Lo he amado, lo he odiado, he tratado de olvidarlo... He vivido a su lado, a su sombra, pero he tenido mi propia luz, como la araña de cristal que se bamboleaba esta noche tratando acaso de decirme algo. Ella fue mi única compañía cuando nadie sabía de mi existencia, cuando yo buscaba sobrevivir sin pasado, sin recuerdos...

Sé que la determinación de escribir mis memorias implica sumergirme una vez más en las penumbras, aunque con la esperanza de encontrar de nuevo la luz, de reconciliarme con el mundo, con la historia, con la verdad... Ser de nuevo Emilie, simplemente Emilie.

Escribir cansa. Es lo que me dice mi cuerpo, es de lo que se quejan mis huesos. Miro mis manos arruga-

# MEMORIAS

das, marchitas, pero aún fuertes como para sostener mi bastón y mi lapicera. Dejo por un momento mis pensamientos y vuelvo a la fiesta. Celebro y agradezco secretamente a Dios que me quede tiempo todavía.

*Primera parte*
*INFANCIA EN BOHEMIA*

# Bajo el signo de Libra

No siempre fui Emilie Schindler. Mi apellido original es Pelzl, que en alemán significa *piel*, por lo que supongo que mis antepasados fueron cazadores. Nací el 22 de octubre de 1907, bajo el signo de Libra, en la ciudad de Alt Moletein, en el condado de Hohenstadt. Mi familia estaba afincada en la región desde el siglo XII, cuando Bohemia pertenecía al Imperio Germano, cuyo trono ocupaba Ottokar II, el mayor representante de la dinastía premisilídica.

Hasta donde sé, mis antepasados llegaron a Moravia como colonos. La historia de mi familia estaba contada en un pasaporte genealógico que desapareció, junto con tantas otras cosas valiosas, en medio de los fragores de la guerra, durante nuestra fuga de Brünnlitz.

En mi ciudad natal había, como en todos los luga-

Este pequeño punto en el mapa de Bohemia es Alt Moletein, mi pueblo natal.

res del mundo, una clase alta y otra baja. La alta estaba conformada por médicos, empleados públicos, clérigos y docentes, y la baja por los pobres, que se desempeñaban como obreros, ayudaban en el campo a recolectar la cosecha o hacían el trabajo de arado de las fértiles tierras. Era un pueblo construido de manera alargada y que tenía una población numerosa, con una iglesia bastante antigua en el centro, la intendencia, la plaza del mercado, un hospital, varios colegios, una importante biblioteca y una historia de batallas y tradiciones que se hacía presente en cada esquina.

Nuestra situación era desahogada. La casa en la que vivíamos había sido reformada durante el siglo pasado, aunque se trataba, en realidad, de un viejo edificio construido por los suecos, que habían ocupado la zona a principios de 1700.

Los Pelzl no éramos muchos: mis padres, mi hermano Frank y mis abuelos paternos, que vivían en una casa separada de la nuestra, en medio de una chacra muy amplia. El hogar familiar era espacioso, cómodo como suelen serlo las casas de campo. Mis padres trabajaban duramente y habían logrado acumular una cierta fortuna. Cosechábamos principalmente lino, trigo, centeno y en nuestro maravilloso jardín se levantaban numerosas variedades de árboles frutales rodeados de bellas flores de diferentes tamaños e intensos colores que eran el orgullo de mi padre.

La figura de mi abuela, con quien pasaba la mayor parte del tiempo, puebla los recuerdos de mi infancia. La anciana mujer pagaba a una modista para que me cosiera la ropa y se preocupaba porque yo comiera bien, algo a lo que me resistía constantemente. Cualesquiera fueran los platos y las exquisiteces que se pusieran sobre la mesa, yo me rehusaba a probar bocado.

Un día en que mi abuela intentaba a la fuerza hacerme comer, me escapé asustada al jardín con un trozo de pan que había robado de la mesa y me trepé a la copa de un cerezo. Empecé, entre distraída y satisfecha, a contemplar el mundo desde allí arriba, mientras devoraba el pan y las cerezas que iba cortando de las ramas...

Ya en esas travesuras infantiles y sin importancia empezaba a mostrar la tozudez que me acompañaría por el resto de mi vida y de la que jamás me he arrepentido, pues me ayudó a sobrevivir cada vez que los caminos parecieron cerrarse.

## La visión de los caballos

En la chacra de Alt Moletein también se criaban animales: pollos, caballos, vacas, cabras, gansos, patos y, por supuesto, perros y gatos. La vida transcurría en paz y sin contratiempos económicos.

A los tres años ya acompañaba a mis padres al campo, un paisaje que se fue convirtiendo, con los años, en una de mis grandes pasiones... Incluso hoy me quedo prendida al televisor cuando aparece una escena rural.

En uno de esos paseos, pude ver un caballo desde abajo...

Una mañana en que mi padre trabajaba con su arado y sus dos caballos, logré deslizarme con mucha rapidez debajo de uno de ellos, sin que nadie lo advirtiera. No bien sonó el silbato de mi padre, el caballo comenzó a moverse, pero éste, al darse cuenta de que yo me hallaba debajo de él, detuvo su paso, relinchó con todas sus fuerzas y se empacó.

El caballo no quería lastimarme. Me sentía segura en esa posición, observando su vientre dorado y sus patas musculosas, hasta que mi padre me sacó de allí, mientras protestaba contra mi insaciable curiosidad. Lo que sucedió aquel día me encariñó aun más con los caballos, seres fabulosos, magníficos y dotados de una extraordinaria sensibilidad. Ellos eran mis amigos y formaban parte de un entorno donde todo parecía destinado a protegerme.

Mi madre era una persona muy comprensiva, adorable, que siempre encontraba una palabra cariñosa y adecuada para los que estábamos a su alrededor. Todos sabíamos que podíamos contar con su afecto y simpatía, cualesquiera fueran las circunstancias... Me pedía que la ayudara en los múltiples quehaceres domésticos, por lo que me daba una pequeña retribución que yo guardaba con espíritu previsor y ahorrativo. Más allá de esas recompensas, el trabajo en el campo me gustaba mucho. Sin embargo, no ponía el mismo empeño en las largas y aburridas clases de piano que me obligaban a tomar, pese a que carecía por completo de oído y de vocación para la música.

El descubrimiento de la naturaleza me ponía tan en contacto con lo vivo, con todo aquello que latía y se renovaba, que jamás presté atención a las muñecas ni a otro tipo de juguetes. Prefería los animales y las plantas, todo lo que estuviera vivo y en movimiento, en especial mis amigos los caballos.

## Cuentos de gitanos

A medida que iba creciendo, empezaba a darme cuenta de que había personas aparentemente diferentes de nosotros. Una vez que fui con mi madre a la ciudad a vender huevos, vi sentados en un bar a unos hombres flacos, de piel morena, cabello negro como el azabache y ojos de un negro igualmente profundo. Me llamó la atención su vestimenta y más aún la de sus mujeres, que era llamativa y de brillantes colores.

Ya desde pequeña sentí atracción por los gitanos. Me fascinaba contemplar sus rostros aceitunados, donde brillaban con rara intensidad sus ojos renegridos. Admiraba su forma libre e independiente de vivir, que no se ataba a clase alguna de convencionalismos. Por eso, cada vez que venían a la ciudad, donde sólo se les permitía permanecer por el espacio de cinco días y siempre que fuera en un lugar previamente determinado, me acercaba a conversar con ellos, a escuchar sus canciones y relatos, que me transportaban a todos aquellos maravillosos lugares por los que habían pasado en su eterno deambular.

Nunca pude entender los motivos de la gente para mirarlos y tratarlos con tanta aprensión. Mi madre me explicó algunas cosas sobre ellos y casi enseguida me puse a estudiar su origen, sus costumbres y quedé para siempre fascinada por su espíritu nómada y libre, tan alejado de todo lo que veía en el resto de la sociedad.

El pasar tanto tiempo con ellos hizo que una de

las gitanas que solía visitar Alt Moletein me leyera las manos en un granero abandonado. Era una mujer gorda, de tez cetrina, ojos castaños y trenzas muy apretadas. Vestía faldas amplias, una blusa de gasa lila y un chaleco con arabescos dorados. Pese a su tamaño, que desde mi perspectiva infantil era descomunal, su voz resultaba aguda y apagada al mismo tiempo. Me miró fijamente a los ojos y dijo que iba a leerme la suerte. Tomó mi mano entre las suyas y habló:

–Veo, niña, que tu línea de la vida es extensa. Vivirás muchos años, más de los que te imaginas. Aunque te espera también mucho dolor y mucho sufrimiento. Conocerás a un hombre que te sacará de aquí. Lo amarás más que a ti misma, aunque no serás feliz a su lado. También veo otra gente a tu alrededor, pero no sé quiénes son ni qué están haciendo. Y hay otras cosas, niña, que no me atrevo a decirte.

El rostro de la gitana se volvió repentinamente sombrío. Tuve miedo, mucho miedo. Salí corriendo del granero con los ojos llenos de lágrimas y me hundí en el regazo de mi madre, que había empezado a preocuparse por mi ausencia. Me preguntó una y otra vez dónde había estado, pero no tuve la valentía de decirle la verdad. Fue un secreto que guardé celosamente toda mi vida y que sólo se lo confesé a Oskar durante nuestro largo viaje a la Argentina.

–Emilie –dijo él, abrazándome–, no puedes seguir creyendo y atormentándote con esas cosas. Si no fuiste feliz hasta ahora, me ocuparé de que lo seas en el futuro. Puedes estar segura de que te amo.

Sin embargo, la gitana sabía bien lo que decía, lo había adivinado todo, lo había leído en mis manos. La desgracia que entrevió también afectó a su propio pueblo. No se ha hablado lo suficiente de cómo los nazis se ensañaron con los gitanos, y casi los hicieron desaparecer del mapa europeo.

## *El silencio de mi padre*

En 1914, cuando recién empezaba a descubrir el mundo, estalló la guerra. Con mis escasos siete años, lo que más me llegaba de ese terrible acontecimiento era la tristeza y el desasosiego que invadía a todos, un sentimiento que se ahondó cuando mi padre fue reclutado.

El día de su partida presentí que ya nada volvería a ser como antes. Durante el tiempo que estuvo ausente seguimos a duras penas con las tareas del campo y, en mi soledad, el contacto con los animales y el bosque resultó un enorme consuelo. Solía pasar gran parte del día entre los altos árboles, ocupándome en observar los gigantescos pinos, los añosos robles y los frondosos abedules que se apoyaban unos sobre otros, como si se abrazaran para darse compañía. En sus ramas los pájaros trinaban y ese canto sonaba a mis oídos de niña como un saludo que venía de lejos, desde más allá del cielo.

Esos sonidos e imágenes, junto con el suave aroma que provenía de las piñas desparramadas en la suave alfombra del piso y la semioscuridad en que todo quedaba sumido, me cautivaban al punto de que llegué a creer más de una vez que aquel bosque estaba realmente encantado. La sensación se hacía más fuerte durante el invierno, cuando las ramas se cubrían de una blancura opaca y la nieve crujía bajo los pies. Rodeada de ese entorno maravilloso, me sentía la única invitada a aquella fiesta.

Al caer la noche, sola en mi cama, recordaba a mi padre y sentía que la guerra estaba durando demasiado. Sin embargo, un día, llegó a su fin. Entre los soldados que volvían del frente mutilados, con sus uniformes raídos, enfermos, hambrientos y enloquecidos, pero aún empujados por un leve hálito de vida, vimos regresar a mi padre. Con sólo contemplarlo al entrar en la casa nos dimos cuenta de que el hombre que había retornado era muy diferente de aquel que había partido.

Mi padre era otro. Contrajo en el frente una malaria incurable y una cardiopatía que habría de obligarlo a hacer reposo permanente. De lo único que hablaba era de sus enfermedades. Pretendía volver al campo, como para recuperar su vida anterior, pero estaba tan acabado que, cada vez que pretendía hacerlo, se desvanecía y lo encontrábamos tirado semiinconsciente en cualquier lugar. Por eso mi madre decidió no permitirle salir más de la casa.

Con apenas cuarenta años, mi padre estaba totalmente arruinado y su situación nos producía sufrimiento a todos, dado que siempre se mostraba nervioso, irascible e impaciente y pretendía que nos ocupáramos exclusivamente de él. Durante la noche, la fiebre lo hacía delirar. Todo lo que hablaba en sueños lo callaba cuando estaba despierto. Día tras día se mostraba cada vez más parco, más distante, se iba convirtiendo en alguien extraño, ajeno a nosotros. Ya no era aquel que, al elegir mi nombre, había recordado el de su tía más querida; ya no era aquel que me contaba maravillosas historias de príncipes y hadas antes de dormirme.

## La Teniente Mayor

La relación con mi hermano Franz, cinco años mayor que yo, iba afianzándose a partir del silencio de mi padre, pero mi madre seguía siendo para mí el espejo en el cual mirarme y aprender.

Era una mujer hermosa y se preocupaba por ser siempre justa. Ayudaba en todo lo que se la necesitaba y, cuando nos peleábamos con mi hermano, sus decisiones siempre iban del lado de quien realmente tenía razón... Su hermana era aun más bonita, pero lamentablemente falleció a consecuencia de una tuberculosis a los veintidós años. El cabello de las dos era oscuro, casi azulado. Mi hermano y yo, en cambio, salimos rubios, como la familia de mi padre.

Creo haber heredado de mi madre una fuerte convicción de lo que es la justicia. En ese sentido, quisiera recordar una historia que me marcó para siempre.

En Alt Moletein vivía por aquel entonces una mujer de unos cincuenta años que había heredado una pequeña chacra de sus padres. La llamaban la "Señora Teniente Mayor", apodo que la enfurecía al punto de hacerle perder el control cada vez que la gente lo murmuraba a su paso. Era una mujer con los años marcados en el rostro, pero sus rasgos, aún delicados, permitían adivinar que había sido, cuando joven, muy hermosa. Circulaban rumores de que a los dieciocho años había abandonado el hogar de sus padres y se había marchado a Viena, la fastuosa y agitada capital del Imperio.

En Viena había elegido el camino de la prostitución, relacionándose sobre todo con oficiales de la armada austríaca, de donde parecía provenir su raro apodo. Muy pronto quedó embarazada y tuvo un hijo, pero se lo quitaron porque había contraído sífilis, una enfermedad incurable por entonces. Como se sabe, uno de los síntomas de esta dolencia es la locura. Por eso nadie quería relacionarse con la pobre mujer, que se pasaba los días vagando por las calles y contando historias en las que todos los oficiales austríacos, y aun el mismo Emperador, pretendían casarse con ella.

Todos los chicos le tiraban piedras y nadie le hablaba. Sin embargo, mi madre se detenía a conversar con ella cuando la encontraba por la calle y le daba algo de comer o un poco de leña. Siguiendo el ejemplo de mi madre, yo defendía fervientemente a la Teniente Mayor cada vez que mis amigos querían burlarse de ella o agredirla. Sentía que de esta manera continuaba con una tradición familiar: defender los derechos de los pobres, los desprotegidos, los oprimidos, una herencia por la que sigo estando agradecida.

## *Mi hermano Franz*

Una mañana lluviosa descubrí a mi hermano escondido en la caballeriza. En su mano sostenía un cigarrillo encendido y, en cuanto me vio entrar, empezó a temblar y balbuceó unas palabras de disculpa. Lo único que se le ocurrió fue ofrecerme una pitada. Con ese gesto me convirtió en su cómplice, ya no podía denunciarlo ante mis padres. A Franz le debo el descubrimiento de un vicio que sólo pude dejar hace quince años.

A aquella mañana le siguieron muchas tardes y noches fumando a hurtadillas en el granero o en la caballeriza. Pero no era ésa la única actividad que compartía con Franz. Antes y después de aquel episodio, en las vísperas de la Navidad, nos dirigíamos al bosque a buscar un lindo pino. Tras descubrirlo, mi hermano tomaba su hacha y con pasos seguros se colocaba frente al árbol y comenzaba a cortarlo. Mientras tanto, yo me entretenía observando con admiración cada uno de sus movimientos y esperaba hasta que el pino cayera.

En una oportunidad, cuando tenía nueve años, estaba tan cansada que me resultaba imposible seguir caminando y quise, aunque fuera por un momento, ponerme a dormir al pie de un árbol. Franz se dio cuenta enseguida del peligro: dormirme al aire libre en pleno invierno –la temperatura desciende en la región a casi treinta grados bajo cero– podía significar mi muerte. Como yo no parecía querer obedecerlo, me ofreció tomar el árbol por el tronco y que me trepara a las ramas, así podría arrastrarme tanto a mí como al pino. La idea me pareció estupenda y volvimos a casa riéndonos todo el camino por haber inventado una especie de trineo tan original.

Cuando mis padres vieron el pino extendido en la sala, aprobaron que lo usáramos como árbol de Navidad. Franz y yo empezamos a adornarlo de inmediato. Arriba colocamos una estrella refulgente y, sobre las ramas, pequeños candeleros con sus respectivas velas, y pegábamos alrededor figuras de ángeles, corazones y muñequitos, cuyo sentido nunca entendí del todo. Pero, año tras año, los encontrábamos en un enorme cajón del sótano que tenía un papel pegado donde se leía: *Arreglos y adornos navideños*. Aquel cajón era el punto de partida de una fiesta que parecía no tener fin...

Yo me ocupaba de la corona de Adviento, usaba un trozo de madera y ramas del mismo pino para armarla. Colocaba las velas con cuidado y dedicación, dejando entre ellas un espacio de aproximadamente cinco centímetros. Luego las adornaba con pequeños moños rojos hechos con una cinta no muy ancha y terminaba pintando la madera con laca para darle más brillo. Pero lo más hermoso era la reunión familiar de Nochebuena, con los regalos al pie del árbol. Todos nos preparábamos para ese momento con mucha ansiedad.

La especialidad de mi madre era la repostería. Sobre la mesa, además de la torta navideña europea –que se hace con especias, miel, melaza y cacao–, había masas de queso, potes de mermelada casera hecha con nuestros propios frutos y bizcochuelo de cerezas.

Nos encantaba el bizcochuelo que hacía mi madre y lo recibíamos con aplausos. Incluso mi padre, que en tales ocasiones parecía salir del marasmo en el que vivía hundido, reía y celebraba con nosotros la llegada de aquel manjar.

Mi abuela, por su parte, se ocupaba de preparar un exquisito ganso relleno de manzanas y ciruelas.

Yo adoraba participar de todos estos preparativos, ya que mantenían a toda la familia unida. Todos queríamos ayudar para que la Navidad transcurriera en un clima de felicidad y armonía.

## Mi educación

Al cumplir catorce años, mis padres me enviaron a un convento, donde permanecí aproximadamente un año. Las monjas no eran demasiado simpáticas y la comida que preparaban era irremediablemente mala. Todavía conservo, aun después de tantos años, el recuerdo del olor a café quemado que llenaba todo el lugar y el malestar que me producía no llevarme nada bien con las hermanas. El problema no era que allí se hablara checo. Aunque no era mi idioma materno, yo igualmente lo entendía. Encerradas como estaban en un convento, aquellas monjas no podían comprender mis sentimientos de rebelión, naturales en una adolescente que, además, se había criado hasta entonces al aire libre y sin ataduras. La vida en el convento era un suplicio sin descanso: todo era rezar y pasarse aprendiendo cosas a las que no les veía la mínima aplicación práctica.

Años más tarde continué mis estudios en una escuela de agricultura. Permanecí allí durante tres años, un período que recuerdo con mucha alegría, porque me interesaba todo lo que me enseñaban. Además, pude hacer muchas amistades, entre ellas una muchacha judía, Rita Gross, con la cual mantuvimos una relación muy estrecha desde el mismo momento en que nos conocimos.

–No tenemos el mismo Dios –me dijo Rita una tarde, al salir de la escuela.

–Sólo hay un Dios, el mismo para todos, cristianos y judíos –respondí.

Rita bajó la mirada y permaneció un largo rato en silencio mientras caminábamos de regreso a casa. De pronto, levantó la cabeza y clavó sus inmensos ojos verdes en los míos:

–¿Y entonces por qué a los judíos nos tratan como si fuéramos seres inferiores? ¿No tenemos alma, sentimientos, no sufrimos y nos alegramos como cualquiera? ¿Por qué nos insultan y se burlan de nuestras costumbres? ¿Por qué no podemos tener casa ni tierra?

No supe qué responder, pero tomándola de la mano, al despedirnos, quise darle a entender que yo no pensaba así y que comprendía su tristeza.

Adoraba a Rita, era mi mejor amiga. Nuestras diferentes creencias religiosas no obstaculizaron jamás el cariño que nos teníamos y nuestra relación se extendió hasta el comienzo de la Segunda Guerra Mundial. Rita resultó una de las tantas víctimas de la barbarie nazi: fue asesinada brutalmente por el comandante de las fuerzas alemanas en Alt Moletein, ejecutado más tarde por los rusos, acaso para hacernos creer que la justicia divina llega en algún momento, aun cuando parece que ya es demasiado tarde...

## *La risa de la abuela*

A pesar de la enfermedad de mi padre, de la guerra y de las monjas, recuerdo mi niñez como un período maravilloso. Me sentía protegida en el seno de mi familia, donde siempre había alguien en la cocina dispuesto a escuchar a los demás frente a una taza de té.

Desgraciadamente, esos momentos jamás volvieron a repetirse. Cada tanto, cuando me invade la melancolía, recuerdo la figura de mi abuela, algo que me hace estremecer, tal vez porque ahora yo también soy una anciana.

En verdad recuerdo bien a mis cuatro abuelos, pero con quien mantenía una relación más estrecha, como ya he contado, era con mi abuela paterna, Anna, quizá porque vivíamos muy cerca. Nosotros habitábamos una casa en un enorme terreno, en cuya punta vivía ella junto a mi abuelo y el personal de labranza

Era una mujer alta y delgada, hermosa y muy inteligente, que sabía cómo dominar a las personas y las situaciones. Se había criado en casa de un tío que había llegado a cardenal en una ciudad vecina de Alt Moletein. Un día mi abuelo Franz llegó allí en busca de una novia y, al pasar por la casa del cardenal, vio a mi abuela, que tenía por entonces diecisiete años, parada en la puerta, y se quedó inmediatamente prendado de ella.

Mi abuela Anna fue siempre una mujer muy activa y vivaz, que a los ochenta y seis años leía todos los días el periódico y sin necesidad de anteojos. Era severa, pero aun así yo la amaba profundamente. Lo que le prohibía a los demás, a mí me lo permitía. Me trataba siempre de manera cálida, abierta, comprensiva y toleraba travesuras que ni siquiera mi madre, que era muy paciente, dejaba pasar. Con frecuencia me llevaba a visitar a sus amigas y también a la casa de un tío que, si me portaba bien, al despedirnos me regalaba cinco monedas de oro. Era una buena cifra, pues se trataba de monedas del Imperio Austro-húngaro, cuando aún la nobleza bailaba al son de los valses de Strauss y nadie, ni el más pesimista, sospechaba el desastre de Sarajevo.

Un día mi padre me regaló dos chivos muy hermosos, uno negro y otro blanco. Yo estaba tan contenta con los animales que los llevaba a todas partes. Pero su comportamiento dejaba bastante que desear: se comían las flores del jardín, la alfalfa de la caballeriza o bebían agua en los vasos de la cocina introduciendo la cabeza por las ventanas abiertas, todas cosas que sacaban de quicio a mis padres.

Estas travesuras eran más o menos toleradas, pero sucedió algo que colmó la aparentemente inagotable paciencia de la familia Pelzl. Tuve la ocurrencia de atarlos y hacerlos tirar de un pequeño coche con dos asientos, como si se tratara de dos caballitos, e invité a mi abuela a recorrer el campo montadas en ese original carruaje. Poco después de empezar nuestro paseo, los chivos comenzaron a correr. No lograba detenerlos y, como era de esperar, el carro finalmente se cayó y nosotros con él. Vi con desesperación cómo mi abuela daba con su trasero en el suelo. Afortunadamente, la tierra estaba mojada, ya que el día anterior había llovido.

Por espacio de unos minutos nos miramos profundamente a los ojos y advertí que las mejillas de mi abuela pasaban de la palidez del temor a un rojo intenso de ira. Al verla tan enojada sólo atiné a decirle que lo lamentaba. Pero la posición en la que había quedado tirada en el suelo era realmente tan cómica, con las piernas abiertas y el vestido embarrado, que sin querer comencé a reírme. No podía parar... Mi abuela intentó retarme, pero prorrumpió en una enorme y feliz carcajada que aún resuena en mis oídos. Era una persona de reírse muy poco, así que su reacción fue para mí una muestra evidente e indiscutible de cariño. La ayudé a ponerse en pie y emprendimos el retorno a casa. Mi abuela jamás hizo referencia a los chivos, a la caída y a su vestido embarrado. Pero, después de aquel episodio, los animales fueron misteriosamente regalados a un vecino.

## Adiós a la inocencia

La infancia y la vejez extrañamente se parecen. Cuando somos chicos, miramos el mundo con inocencia. Cuando viejos, estamos más dispuestos a perdonar y tomarnos las cosas con espíritu indulgente.

La vejez es una segunda inocencia, hecha ahora de olvidos y voluntarias distracciones. El efecto es casi el mismo: lo que nos rodea ya no es terrible y, por momentos, hasta parece bueno, aun cuando en la memoria habiten los fantasmas del odio y la destrucción. El pasado no es más que eso: fantasmas, sombras sin consistencia ni espesor. La realidad, lo concreto, lo que acude continuamente a la memoria es el paisaje entrañable de cuando el mundo se presentó ante nosotros por primera vez.

Las imágenes de la vida en el campo se suceden en mi recuerdo: las expediciones con mi hermano al bosque en busca de leña, donde nos quedábamos embriagados por el perfume que se desprendía de los árboles y por la oscuridad apenas atravesada por el sol, nuestros paseos a la búsqueda de hongos, los desayunos con pan negro untado con manteca y cebollín, los amaneceres en plena actividad...

Todo ese paisaje idílico, tronchado a medias por la guerra, habría de comenzar a empañarse muy pronto, con la llegada del hombre que me arrancaría de allí para compartir junto a él un destino de felicidad y, a la vez, de infortunio.

## Segunda Parte
## CONOCIENDO A OSKAR

## El principio de la electricidad

Fue un jueves de otoño. Los campos empezaban a teñirse de amarillo, anaranjado, verde, marrón, y las hojas cubrían la tierra formando una mullida alfombra que iba cambiando de forma y lugar al soplo del viento, como si se tratara de una ilusión óptica. Yo estaba haciéndole compañía a mi abuela y nos dedicábamos a cortar cerezas, a guardar papas para el invierno, a preparar ciruelas en conserva...

Ya había cumplido mis veinte años y, si bien era una muchacha con los pies sobre la tierra y acostumbrada al trabajo duro, aún soñaba con la llegada de mi primer gran amor. Allí estaba, con la mente perdida en mis pensamientos, cuando divisé por la ventana una enorme mariposa que revoloteaba sobre las hojas de un limonero. Su aspecto era tan magnífico, sus colores tan vivos y el batir de sus alas tan sorprendente que me pareció que me estaba invitando a salir, a contemplarla de cerca.

Al cruzar la puerta, me encontré con dos hombres que se hallaban parados a escasa distancia de la casa y que me observaban con curiosidad. Uno de ellos ya había pasado los cincuenta años, era alto y robusto y estaba acompañado de un joven esbelto, de anchos hombros, cabello rubio y ojos profundamente azules. Los saludé y el mayor de ellos se acercó y me explicó el motivo de su visita. Había llegado desde Brünn, la capital de Moravia, junto con su hijo, para vender unos motores que habrían de proveer electricidad a nuestra casa. Comenzó a contarme el funcionamiento y las ventajas de esos generadores, que se habían empezado a fabricar por entonces en Checoslovaquia, suponiendo que yo no tenía la menor idea sobre el asunto, pero yo ya llevaba varios meses informándome sobre el tema. Siempre he sido muy curiosa y vivo haciendo preguntas sobre cualquier cosa, un vicio o una virtud, según se lo mire, que sigo conservando hasta hoy que ya soy una mujer anciana.

Mientras el hombre me hablaba de cosas que yo ya sabía casi de memoria, noté que el muchacho no me sacaba los ojos de encima. No había nada en él que me llamara la atención, salvo su aire distante y una manera de pararse que denotaba una sobriedad infrecuente en alguien de su edad. Parecía aburrirse con lo que decía su padre, con toda esa perorata sobre el progreso, la técnica y la electricidad. Muy pronto se dedicó a buscar mi complicidad a través de miradas sugestivas y sonrisas de soslayo.

La escena me resultaba divertida y no pude evitar reírme, aunque enseguida me tapé la boca, ruborizada.

Cuando el hombre terminó su discurso, me limité a contestarle, en forma seca y cortante, que no había nadie en la casa y que volviera otro día a conversar con mi padre. No imaginaba entonces que ese muchacho simpático y despreocupado se convertiría, poco tiempo después, en mi esposo.

## *Detrás de las palabras*

En las visitas posteriores, Oskar Schindler permaneció callado, pero sin dejar de acariciarme con sus profundos ojos azules. Era una mirada masculina, oscura y penetrante, que no pude sacarme de la cabeza durante varios días. Más tarde me di cuenta de que lo que en él me había fascinado no era solamente su aspecto, sino también esa manera de mirarme, que trasmitía una manera de ser extraña, indefinible. También me impresionó su esquivo modo de hablar, siempre a medias, dejando entrever algo que se ocultaba detrás de sus palabras y que nunca se mostraba claramente.

Al principio lo rechazaba, no quería saber nada con él, pero sus visitas, con la excusa de los generadores de electricidad, se hicieron cada vez más frecuentes, hasta que no pude seguir resistiéndome. Un día estiró su estancia en la chacra hasta que la luna azul de septiembre se elevó sobre los ciruelos y me dio el primer beso.

Aun cuando no confiaba por completo en Oskar, la manera apasionada en que me besaba y me abrazaba me hacían olvidar cualquier reparo. Pasamos así un tiempo, en el que se sucedieron las visitas de su madre y su hermana, hasta que una noche me pidió hablar con mis padres pues, según dijo, "tenía algo importante que comunicarles". Llevándome de la mano se dirigió primero a mi padre y luego a mi madre y, tras clavar en ellos sus bellos ojos azules, dijo con voz profunda unas palabras que jamás olvidaré, por lo sinceras e imposibles que se revelarían más tarde:

–Deseo unir mi vida a la de Emilie, para poder construir juntos un futuro.

Al mismo tiempo que Oskar pedía mi mano, empecé a analizar mi situación: mi padre siempre enfermo y de mal carácter, mi abuela sufriendo los achaques de la edad y mi madre que, agobiada por atenderlos y ocuparse de las tareas de la casa, no tenía tiempo para conversar con sus hijos, mientras que mi hermano ya comenzaba a independizarse de la vida familiar. Frente a este panorama, la propuesta de Oskar de compartir su vida sonaba casi irresistible.

La decisión no resultó, entonces, muy difícil. Creo que hoy actuaría de una manera muy distinta, pero a los veinte años estaba dispuesta a creer en lo que me dictaba el corazón, en las palabras que se dicen y las que no se dicen, en el brillo de los ojos de un hombre, en la calidez que prometía estar junto a él, en las emociones producidas por los besos y las caricias, en la protección de sus anchos hombros y su pecho ardiente.

Al poco tiempo nos casamos. La fiesta tuvo lugar el 6 de marzo de 1928, en una posada de las afueras de Zwittau, donde Oskar había nacido y vivía con su familia. Hubo muchísimos invitados y no faltaron ni comida ni bebida. Mientras bailaba con mi vestido blanco de faldas cortas, mi abuela no se cansaba de decirle a todo el mundo que, en mi traje de novia, yo parecía la Bella Durmiente, recién despertada de su largo sueño por un hermoso príncipe.

Nos fuimos a vivir a Zwittau, una ciudad muy importante donde había una gran cantidad de industrias. Nos establecimos junto a mis suegros, en la Iglaustrasse. La casa había sido comprada por la madre de Oskar hacía ya bastante tiempo. Ellos ocupaban la planta baja y nosotros el piso de arriba.

Nunca llegué a ser feliz en ese lugar a causa de las constantes divergencias que mantenía con el padre de Oskar. Recuerdo una ocasión en que me encontraba haciéndole compañía a mi suegra, que prácticamente vivía postrada en cama. Mi perro ovejero estaba también allí, tendido a mis pies. De pronto apareció mi suegro en total estado de ebriedad, llevando una torta en la mano y apoyándose con la otra en todo lo que encontraba. Al darse cuenta de mi mirada de recriminación –porque para eso estaba lo suficientemente sobrio– quiso decirme algo, pero le repliqué de inmediato. Entonces se enfureció y, como no podía echarme, hizo salir a patadas al perro de la casa, mientras repetía una y otra vez, con la voz empastada por el alcohol, que el lugar de los animales era la calle, sabiendo que eso me molestaría muchísimo.

La madre de Oskar, Francisca Luser, a quien todos llamaban Fanny, era una mujer elegante y agradable que vivía siempre enferma y que murió a los cincuenta y tres años. Su marido, en cambio, era un hombre sin educación alguna que se había dedicado primero a la venta de seguros y que, luego de quebrar, había entrado en el negocio de los motores eléctricos. Hans Schindler estaba siempre de viaje, pero su ausencia no parecía ser sentida por nadie.

EMILIE SCHINDLER

Oskar tenía una hermana menor, Elfriede, una muchacha que por entonces tenía trece años y que era una réplica exacta de su padre: fea, de cabello castaño oscuro y grandes ojos marrones, y a quien nadie prestaba demasiada atención. Quizá por eso enseguida se apegó a mí. Yo la ayudaba en sus tareas escolares y conversaba con ella durante el poco tiempo libre que me quedaba, pues no sólo debía ocuparme de las tareas de mi casa, sino también de las de la casa de mi suegra, que no estaba en condiciones de realizar ninguna clase de esfuerzos.

## La asceta y el sibarita

Viajé a Praga, por primera vez, en el otoño de 1928, para gestionar unos documentos que necesitaba Oskar. Todo me llamaba la atención: las torres de las iglesias que se erguían orgullosas como puntillas dibujadas contra el cielo azul, las tiendas, las calles llenas de gente, la noche cuando la ciudad se iluminaba a pleno reflejando sus luces sobre las apacibles aguas del Moldavia...

Sin embargo, Praga marcó el fin de la etapa romántica de mi vida. A partir de entonces, todo empezó a volverse, de manera imperceptible, cada vez más triste y más sombrío...

Mi padre le había dado a Oskar una dote de cien mil coronas checas, una suma más que considerable en aquellos tiempos. Con ese dinero se compró un auto lujoso y dilapidó el resto en salidas y cosas sin importancia. Cuando se lo reproché, me contestó:

–Emilie, eres demasiado austera, una verdadera asceta. Yo, en cambio, soy un sibarita de nacimiento.

Me rompí la cabeza durante meses tratando de entender su actitud y llegué a la conclusión de que provenía de la educación que había recibido en el hogar familiar. Su madre lo consentía en todo y su padre, ocupado en sus supuestos negocios, era una constante ausencia.

A pesar de sus defectos, Oskar poseía un gran corazón, estaba siempre dispuesto a ayudar a quien lo necesitara. Era afable, benévolo, magnánimo y caritativo pero, al mismo tiempo, absolutamente inmaduro. Vivía mintiéndome, engañándome y luego volvía a mí con el arrepentimiento de un chico que ha sido sorprendido en una travesura para suplicarme que lo perdonara una vez más... Y todo volvía a empezar.

Así transcurrían mis días en Zwittau: cocinando, cosiendo, tejiendo, escuchando a mi suegra que no dejaba de repetir:

–Oskar ya está casado y educarlo es obligación de su esposa, querida Emilie.

Arrojaba estas palabras y se quedaba largo rato mirando el vacío. Resignada, yo guardaba silencio.

Felizmente, poco tiempo después nos mudamos a una casa enorme que había pertenecido a una acaudalada familia de Zwittau. Aquella mansión, repleta de lujosas alfombras y hermosos muebles e iluminada con arañas de cristal, era en sí misma el símbolo de una época de esplendor que pronto habría de desaparecer.

## Conmigo o contra mí

Mientras mi vida matrimonial pasaba entre pesares y alegrías, las cosas en el mundo empeoraban: en Alemania llegaba al poder Adolf Hitler. La sola mención de su nombre, sinónimo absoluto de la crueldad, la destrucción, el odio y la miseria humanas, me hace estremecer.

¿Quién era este hombre, con un turbio pasado, que apareció de pronto como el salvador, en medio de un país sumido en la más terrible crisis social, política y económica de su historia? ¿Qué había en el corazón de aquellos que lo consideraban su líder, que lo seguían ciegamente y en todas partes lo recibían con vítores? ¿Qué nos ocurría a los alemanes?

Por supuesto, no todos fueron nazis, eso lo sé por haber vivido el infierno desde adentro. Pero la presión era terrible y sólo muy pocos se atrevían a ser ellos mismos. Hitler había sido muy claro: "Aquel que esté conmigo podrá llegar a vivir una Alemania grande. Pero aquel que se oponga encontrará la muerte de inmediato. No habrá perdón, sólo habrá triunfadores. Y ésos seremos nosotros. Alemania, Alemania, sobre todos, hoy nos perteneces y mañana nos pertenecerá todo el mundo".

El ascenso de Hitler fue el comienzo de una indescriptible tragedia: la Noche de los Cristales, los campos de concentración, las leyes de Nürenberg que prohibían a los judíos ejercer su profesión, la muerte para millones y millones de personas...

Llevados por las circunstancias, Oskar y yo fuimos en cierta forma cómplices de lo que ocurría. Si bien hoy me siento orgullosa de haber colaborado junto con mi esposo en la salvación de mil trescientos judíos, me desespera pensar en lo pequeña que es esa cifra comparada con el número de víctimas que se cobró la barbarie nazi.

No puedo dejar de preguntarme si los seres humanos comprenderán alguna vez que el único camino es la paz. Sin embargo, cuando leo o escucho hablar acerca de los intereses que se ponen en juego en las guerras, tengo la impresión de que mis ideas son un tanto ingenuas.

## *Espías del Reich*

En 1935, Oskar viajó a Cracovia, donde conoció a una mujer con la que comenzó a conversar y seguramente, como era habitual en él, terminó llevándola a algún sitio reservado. Esa mujer trabajaba para el Servicio de Contraespionaje (Alwelvidienst) y lo recomendó a sus jefes. A Oskar realmente le gustaba su nuevo trabajo, que consistía en detectar y perseguir a los espías extranjeros que se encontraran en Polonia.

El jefe del Servicio de Contraespionaje, que tenía su sede central en Berlín, era el comandante Hartmut, mientras que el mayor Von Kohrab ejercía el mando de la sección polaca. Von Kohrab era un noble húngaro y tenía algo muy serio que ocultar: era hijo de una judía.

Von Kohrab logró mantenerlo en secreto por bastante tiempo, hasta que un sobrino –quizá más por estupidez que por maldad– denunció el origen judío del mayor con motivo de un trámite burocrático. Esto le valió al jefe del contraespionaje polaco no sólo perder su rango y sus honores, sino también desaparecer del país para siempre, sin que jamás se volviera a saber una palabra sobre su destino. Todavía lo recuerdo, rubio y apolíneo, vestido elegantemente de uniforme: un personaje que, a pesar de su origen judío, cumplía mejor que muchos otros, el Führer incluido, con el ideal de raza y belleza que pregonaba el nazismo.

Al cabo de un tiempo, el Servicio de Contraespionaje decidió enviar a Oskar a Mährisch Ostrau, capital de Moldavia, para que se hiciera cargo de la sección local.

Tuvimos que abandonar la enorme casa a la que nos habíamos mudado después de vivir varios años con los padres de Oskar. Embalar nuestras pertenencias me costó muchísimo trabajo. Todo fue minuciosa y cuidadosamente controlado, empaquetado, cargado en un camión de mudanzas y llevado a nuestro nuevo hogar, a unos cuatrocientos kilómetros de Zwittau.

El departamento que nos asignó el Servicio de Contraespionaje se hallaba ubicado en el número 24 de la Parkstrasse, en pleno centro de Mährisch Ostrau, frente a un cuartel alemán, del que permanentemente salían soldados a patrullar las calles. Tenía dos grandes ambientes, cuyas ventanas daban a un jardín, y la cocina, que era realmente muy cómoda, se convirtió, con el tiempo, en el lugar más acogedor de la casa. Una de las habitaciones fue destinada a dormitorio, mientras que la otra hacía las veces de oficina.

Yo trataba de ayudar a Oskar en sus tareas de contraespionaje. Hacía el papel de telefonista, recibía los mensajes, llevaba recados, escribía a máquina, al mismo tiempo que seguía con mi rutina doméstica. El departamento de Parkstrasse era nuestro cuartel general. Allí recibíamos, elaborábamos y ocultábamos información, poniéndola a salvo de cualquier agente extranjero. En un rincón del ropero guardábamos una pistola Luger, de las que usaba el ejército alemán, siempre cargada...

Con nosotros trabajaban cuatro personas más, entre ellas una mujer de procedencia checa que, como ya empezaba a parecer inevitable, también tuvo una historia amorosa con Oskar.

Una tarde, al volver de un viaje, encontré la casa completamente revuelta, la ropa fuera de los cajones, papeles tirados por el suelo, lámparas rotas: un espectáculo devastador. El único sonido que se escuchaba en el departamento era el tono del teléfono, descolgado y tirado en el piso, bajo una alfombra de ropa, papeles rotos, almohadones desfondados, plumas y restos de algunos jarrones y platos de porcelana que parecían haber sido arrojados con furia contra las paredes por nuestros desesperados visitantes, frustrados por no encontrar nada de lo que supuestamente habrían venido a buscar.

No habían robado nada de importancia. Lo único que faltaba era un reloj que me había regalado mi madre y que, tiempo más tarde, descubrí en una casa de empeños.

El segundo episodio vinculado con las tareas de contraespionaje de Oskar pudo haber tenido resultados fatales. Una noche, luego de una de las tantas disputas que tuvimos por sus aventuras extramatrimoniales, yo estaba durmiendo en un diván de la oficina, mientras él lo hacía en el dormitorio. De pronto, se oyó un ruido en la ventana.

Desde que Oskar había empezado con ese trabajo yo no podía conciliar el sueño fácilmente y dormía con mis sentidos en un vago estado de alerta. No lograba acostumbrarme al tipo de vida que se había iniciado con la guerra y la angustia me devoraba por completo.

Al sonido en la ventana siguió el rumor de unos pasos y un haz de luz, como de una linterna, iluminó mi rostro por unos instantes. Me levanté de inmediato. Tratando de no hacer ruido, llegué hasta Oskar, que dormía plácidamente en la gran cama de nuestro cuarto. Busqué la Luger en la oscuridad del ropero, me acerqué a la ventana, descorrí la pesada cortina que la cubría e hice dos disparos al aire. Vi entonces una sombra que corría, como desorientada, en dirección al cuartel. El soldado de guardia aparentemente se había quedado dormido. La sombra pasó por el puesto de control y atravesó el campo para perderse en la inmensidad de la noche.

Días más tarde pudimos enterarnos de que se trataba de agentes polacos que habían pretendido asaltar nuestra casa en busca de información.

Un ejemplo de las actividades que desarrollábamos: en una oportunidad se le pagó a un militar polaco para obtener un uniforme de su ejército. Enviado a Alemania, se lo empleó como modelo para confeccionar otros similares que fueron usados como camuflaje por los espías del Tercer Reich. En el momento de la invasión alemana a Polonia, las SS usaron estos uniformes para atacar la emisora radial de Cracovia y denunciar actos de sabotaje por parte de la resistencia polaca.

El departamento de Parkstrasse pasó a convertirse en permanente lugar de reunión de espías y soplones. Un día llegó la policía y comenzó a revolver toda la casa en busca de ciertos documentos que Oskar había escondido detrás de un espejo del dormitorio. Finalmente, los encontraron y Oskar fue llevado a prisión. Había sido traicionado por un agente checo que había fingido ser su amigo.

Oskar fue condenado a la pena de muerte por ese delito. La invasión alemana a Checoslovaquia en 1939 le salvó la vida.

## La muerte y sus anuncios

El año 1939 fue muy triste para mí. Primero murió mi madre. El mismo día de su muerte yo había estado irascible y nerviosa, como si intuyera que algo terrible iba a suceder. Dormida en el sillón de nuestra casa en Mährisch Ostrau, había tenido una pesadilla: estaba en medio del campo y mi madre pasaba en un carruaje en dirección al cielo. Me saludaba, agitando la mano a través de una ventanilla opaca. Yo le hacía señas para que no siguiera viaje, le imploraba que se quedara, pero el carruaje se alejaba cada vez más de mí.

No sé exactamente cuánto tiempo duró el sueño, pero me pareció una eternidad. Al despertar, noté que estaba empapada por la transpiración, sentía que mi cabeza flotaba en una nebulosa y que las venas de las sienes me latían como si la sangre fluyera allí con más fuerza. Fui a la cocina y bebí un vaso de leche, tratando de calmarme. Cuando a la mañana siguiente le conté la pesadilla a Oskar, me miró incrédulo y dijo:

–Le das demasiada importancia a los sueños, Emilie. Es imposible predecir el futuro.

–No ves más allá de lo que te conviene –respondí–. Ya es hora de que te preocupes por lo que nos pasa, de que pienses en nosotros. Me tratas como si fuera una de esas mujeres que hacen siempre lo que deseas. Yo no soy de ésas, Oskar, ya deberías haberte dado cuenta.

Me percaté enseguida de que no estaba respondiendo a lo que él me decía, pero era tal mi angustia y la certeza de que ese sueño significaba algo espantoso que no pude tolerar que me contradijera. Cuando intentó terminar la discusión con una caricia, me escapé de sus brazos y me encerré en el cuarto a llorar. Lentamente, fui tranquilizándome. Traté de aferrarme a sus palabras, pese a todo. Era una manera de exorcizar, de conjurar mis presentimientos, de anular el poderoso influjo que sobre mí tenían las imágenes de aquel sueño.

Cuando llegó el telegrama que anunciaba la muerte de mi madre no me produjo ninguna sorpresa. Era como si mi sueño hubiera sido nuestro último adiós. La pena, poco a poco, fue dejando lugar a otras sensaciones. Empecé a sentirme desconsolada: había sido hija durante toda una vida y, de repente, me invadía la soledad y el sentimiento de haber perdido para siempre la protección y los cuidados que sólo puede dar una madre.

Así murió, oficiando de madre hasta último momento. Alcanzó a dejar comida para la noche, sabiendo que nadie habría de cocinar en su lugar. Luego se desmayó y los médicos nada pudieron hacer para recuperarla. Había partido para siempre, pero allí estaban los platos con carne, papas y hasta un postre para los que nos quedábamos.

# MEMORIAS

Mi padre siguió su camino cuatro meses después. No contaba ya con el cuidado afectuoso de mi madre para tomar sus remedios o irse a acostar con su bolsa de agua caliente. La malaria que había contraído en la guerra lo había debilitado tanto que ya no podía soportarla estando solo. Cuando me enteré de su muerte, fue menor mi dolor, quizá porque, desde que se había enfermado, era un hecho previsible, al que todos habíamos acomodado nuestro espíritu.

Mi padre murió de tristeza y de soledad. Dejó caer los brazos y se dedicó a esperar el final. A los pocos meses de la muerte de mi madre, sentí la imperiosa necesidad de ir a ver a mi padre a Alt Moletein. Le pedí a Viktorka, nuestra mucama y cocinera, que llamara un taxi para que me llevara rápido a la estación de trenes. Al llegar a mi pueblo natal, me esperaba mi hermano con la noticia. El telegrama que me había enviado con ese triste anuncio se había cruzado conmigo en el camino.

El 14 de marzo de 1939, Emil Hacha, presidente de Checoslovaquia, firmaba en Berlín, tras un ultimátum, la capitulación de nuestro país ante el Tercer Reich. Dos días después, las tropas ocupaban todo el territorio del nuevo protectorado alemán. Desde las ventanas de mi casa, vi pasar los enormes contingentes de infantería que, como legiones romanas, se desplegaban por las calles exhibiendo sus fusiles y su mirada glacial debajo de los cascos. Detrás de ellos, desfilaban los tanques y la artillería pesada, llenando de estrépito las calles de la tranquila ciudad.

La columna era interminable y en medio iba un auto descubierto que llevaba al hombre que sería responsable de la mayor catástrofe de la historia de la humanidad. Hitler se erguía sobre el vehículo con la expresión orgullosa de los que se sienten vencedores. Sus ojos semejaban dos círculos de fuego, su mirada parecía atravesar los cuerpos y dejar en ellos una marca indeleble.

## *Algo de historia*

Anoto aquí algunos datos que tal vez puedan servir para comprender la invasión a Checoslovaquia. Muchas de estas cosas sólo las supe después, cuanto encontré tiempo para leer libros de historia, sin tener ya que sufrirla en carne propia.

En 1919, por el Tratado de Saint Germain, firmado en París, se disolvió para siempre el Imperio Austrohúngaro, dividiéndose su inmenso territorio en una enorme cantidad de estados libres. Uno de ellos fue Checoslovaquia, que recibió el acuerdo de los vencedores de la Primera Guerra Mundial (Francia, Inglaterra, Italia y Estados Unidos) para constituirse en república en los territorios de Eslovaquia –hasta ese momento, Alta Hungría– y de los Sudetes. En 1939, su población llegaba a catorce millones y medio de personas, de los cuales siete millones eran checos, poco más de dos millones eslovacos, tres millones de alemanes y el resto se repartía entre húngaros, ucranianos y polacos. Los alemanes vivían principalmente en las zonas montañosas y en las grandes ciudades: Karlsbad, Marienbad, Franzensband y Heizequellen.

Nuestra patria se llamaba por entonces Bohemia, nombre latino de la zona ocupada por la tribu celta

Bojer, originaria de Moravia. Entre los alemanes, Bohemia era conocida como los Sudetes. Este nombre hacía alusión a una cadena montañosa que se extiende por aproximadamente trescientos kilómetros.

El año 1938 marcó el inicio del protectorado alemán de Moravia y Bohemia, una situación que habría de mantenerse hasta el final de la guerra. La política alemana en la región combinó la brutalidad con la demagogia. Mientras los obreros recibían raciones extras de alimentos, los políticos, científicos, artistas y escritores eran perseguidos sin descanso. El objetivo de los invasores era transformar rápidamente la zona en un paraíso económico y sacar el mayor provecho posible de su desarrollo industrial. Los nazis pretendían convertir el país en un territorio puramente ario, donde aquellos "racialmente aptos" serían germanizados, en tanto que el resto sería deportado con diversos destinos. La persecución de los cien mil judíos que vivían en el protectorado comenzó en 1942. Unos dos tercios morirían en los campos de concentración junto a unas treinta y ocho mil personas no judías.

No bien se inició el protectorado alemán de los Sudetes, el presidente Edward Benes formó un gobierno en el exilio, destinado a combatir las fuerzas invasoras. En 1939, el régimen colaboracionista de Emil Hacha firmó la capitulación ante el Tercer Reich, en medio de la indiferencia general de las naciones occidentales, que no alcanzaban a entender el peligro que representaba para el mundo el acrecentamiento del poder de Hitler.

En 1933 se había formado el Frente Patriótico de los Alemanes de los Sudetes, bajo la dirección de Konrad Heinlein, que adhería a los postulados del nacional-socialismo. Dos años más tarde era el segundo partido en importancia de Checoslovaquia. Una de las primeras acciones de Heinlein fue pedir la anexión del territorio de los Sudetes al Tercer Reich. Esta prédica le daría sus frutos: en 1938 fue puesto al mando del comisariato alemán en Bohemia y Moravia y, al año siguiente, se lo distinguió con el cargo de *Gauleiter*, una palabra creada por los nazis para designar a sus lugartenientes en territorios ocupados.

El Frente estaba integrado en su gran mayoría por trabajadores. Oskar se afilió, pagó los primeros aportes y recibió una insignia. Sin embargo, a los pocos meses, se cansó de tener que asistir a las reuniones y de escuchar lo que allí se decía, de modo que gradualmente dejó de hacer sus contribuciones en dinero y fue espaciando su asistencia. Oskar no era un hombre con principios políticos, simplemente se dejaba arrastrar por los acontecimientos.

El entusiasmo de los partidarios de Heinlein iba decayendo a medida que aumentaban las presiones de Berlín. Cada vez se hacía más evidente la influencia del gobierno central: se creó la Juventud Hitleriana y la moneda se devaluó hasta que fue reemplazada definitivamente por el *reichmark*. Los alemanes de los Sudetes empezábamos a perder nuestra libertad y a sentirnos extranjeros en nuestra propia tierra.

## *Las persecuciones*

La situación de los judíos en Checoslovaquia era tolerable en los primeros tiempos de la ocupación. Las persecuciones comenzaron en 1942, después del atentado a Reichard Heydrich, el sucesor de Heinlein. Heydrich había empezado su gobierno con una provocación al pueblo checo. En su primer discurso se le ocurrió decir que "con la invasión los checos, principalmente los de Bohemia y Moravia, nada han perdido", tras lo cual mandó apresar a unas cinco mil personas, de las cuales cuatrocientas fueron ejecutadas sumariamente.

Como una reacción esperable, dos hombres, un eslovaco y un checo, ambos oficiales del ejército que funcionaba en el exilio, llevaron a cabo un atentado contra Heydrich, que no pudo sobrevivir a una agonía de más de una semana. Las represalias del gobierno nazi fueron crueles y absolutamente desproporcionadas. De Praga partió un tren, cuyos vagones llevaban la sigla "AaH" (*Attentat auf Heydrich*), con mil judíos que fueron enviados a un campo de exterminio en Polonia, a lo que siguió el traslado de otros tres mil judíos de Thereseinstadt. Luego se dirigieron al pueblo de Lidice, situado en las cercanías de Praga, y en la noche del 9 de junio de 1942, tras rodear por completo el lugar, un comando fusiló a unos doscientos hombres, mientras más de doscientas mujeres y niños eran deportados a un campo de concentración, del que sólo pudieron sobrevivir dieciséis pequeños. Al poco tiempo pudo saberse que nadie en Lidice sabía ni tenía nada que ver con el atentado. Pero ya era tarde para la furia vengadora de los nazis, que consideraban la muerte una parte más de su trabajo, como lo demostraba la constante repetición de hechos de esta naturaleza, sobre todo contra los judíos.

Por entonces yo me había enfermado de los riñones y me hice atender por una médica alemana, de origen judío, que había llegado desde Berlín. En una de las visitas, cuando ya habíamos comenzado a intimar, me contó que se había visto obligada a abandonar su ciudad natal en 1939, acompañada de su madre, dado que la situación de los judíos se había vuelto muy amenazante. Mientras me contaba esto yo notaba que su mirada se volvía cada vez más triste y su expresión denotaba un profundo dolor. Trataba de disimularlo, pero la pena la sobrepasaba y parecía ir minando sus fuerzas.

Pasó el tiempo y mi enfermedad evolucionó favorablemente, por lo que fui espaciando mis visitas a su consultorio. Cuando dos meses después fui a hacerme la última revisión, la médica ya no estaba allí. Después de varias averiguaciones pude enterarme de que había emigrado con su madre al Africa. La palabra "emigrar" era engañosa, en realidad había escapado para salvar la vida.

*Tercera parte*
*LA LISTA DE SCHINDLER*

# *Polonia ocupada*

A mediados de septiembre de 1939, Hitler invadió Polonia. Las fuerzas patriotas sólo pudieron resistir durante ocho días el implacable poderío de la Wehrmacht. Un mes después, Oskar viajó a Cracovia, asiento de la gobernación general del Tercer Reich en Polonia, para recibir órdenes del Servicio de Contraespionaje. En noviembre se estableció definitivamente en la ciudad. Yo iba a visitarlo con frecuencia, casi dos veces a la semana. Dejaba a Viktorka, mi mucama, a cargo de la casa y tomaba el tren que, siguiendo el recorrido del Vístula, me dejaba en la enorme estación de Cracovia, capital del condado de Woiwodschaft.

# Map of Böhmen

**DRESDEN**  
**CHEMNITZ**  
**ZWICKAU**

Hainspach, Schluckenau, Rumburg, Warnsdorf, Friedland, Neustadt, Isergebirge, Reichenberg, Böhm. Kamnitz, Kratzau, Tetschen, Zwickau, Deutsch, Haida, Gabel, Tannwald, Rochl, Töplitz, Bensen, Polzen-Neiße-Niederland, Gablonz, Schönau, Karbitz, Aussig, Böhm. Leipa, Hoher, Oberleutensdorf, Dux, **Böhm. Mittelgebirge**, Niemes, Böhm. Aicha, Turnau, elbe, Katharinaberg, Sebastiansberg, Görkau, Bilin, Auscha, Dauba, Weipert, Brüx, Leitmeritz, Preßnitz, Komotau, Lobositz, Wegstädtl, Jičín, Platten, St. Joachimsthal, Kaaden, Postelberg, Eger, Raudnitz, Jung-Bunzlau, Neudek, Saaz, Melnik, Graslitz, Laun, Asch, Karlsbad, **Saazerland**, Falkenau, Elbogen, Duppau, Podersam, Kralup, Nimburg, Wildstein, Buchau, Kladno, Brandeis a.d.E., Poděbrad, Eger, **Egerland**, Luditz, Rakonitz, Böhm. Brod, Bad Königswart, Petschau, Jechnitz, **PRAG**, Kolin, Tepl, Beraun, Kuttenberg, Marienbad, Wesertz, Königsaal, Časlau, Plan, **B Ö H M E**, Tachau, Mies, Mies, Tuschkau, Beneschau, Sazawa, Pfraumberg, **PILSEN**, Pribram, Staab, Dobrzan, Hostau, Bischof-teinitz, Ustona, Ronsperg, Nepumuk, Taus, Pilgram, Iglau, Klattau, Tabor, Spr, Neuern, Schuttenhofen, Pisek, Hartmanitz, Bergreichenstein, Neuhaus, Winterberg, Neu-Bistritz, Zlabings, Prachatitz, Wittingau, Wallern, Budweis, Kalsching, Krummau, Oberplan, Gratzen, Kaplitz, Hohenfurth, Passau

Zwittau: la ciudad donde nos instalamos con Oskar luego de casarnos

Cada vez que bajaba del tren descubría algo distinto: los antiguos muros de la universidad, las enormes ventanas del Wawel, el palacio gótico desde donde el comando alemán dirigía los destinos de los polacos. No muy lejos de la estación, en la calle Pomorka, se encontraba el cuartel de las SS, el edificio más temido por los habitantes de una ciudad que, si bien había conocido invasiones durante toda su larga historia, esta vez conocía el terror como nunca antes.

Oskar empezó a profundizar su relación con los altos jerarcas nazis y, al poco tiempo, le fue ofrecida la administración de una fábrica de enlozados que había pertenecido a un grupo de industriales judíos. El establecimiento estaba situado en la calle Lipowa y, desde su traspaso, recibió el nombre de Deutsche Emailwarenfrabrik, aunque se la conocía más familiarmente como la DEF.

El carácter expansivo de Oskar simplificaba las cosas, aun en las situaciones más difíciles. En cuanto empezaba a hablar suscitaba la atención de todo el mundo y lograba convencer a cualquiera con su enorme facilidad de palabra. Lograba hacerse importante para los demás porque él mismo estaba convencido de ser alguien importante. De esta manera, no le resultaba trabajoso conectarse con las personas adecuadas cuando las circunstancias así lo requerían. Yo tenía mis aprensiones y le decía:

—Oskar, debes tener más cuidado. Este es un momento para ser más cauto...

Me miraba como si prestara atención a mis palabras, pero siguió actuando de acuerdo con sus propios criterios.

# MEMORIAS

Yo escuchaba lo que decían los jerarcas nazis y no podía sino sentir un miedo infinito. Me aterraban esas continuas declaraciones sobre el glorioso destino de Alemania y su ambición de imponer el nacional-socialismo por el camino de las armas y la dominación. Percibía que aquellas palabras presagiaban desgracias futuras para el mundo y también para nosotros, que desde su perspectiva estábamos del mejor lado. Pero mis reclamos a Oskar, reiterados una y otra vez, fueron en vano. Cuando pudo darse cuenta, la guerra ya había cobrado la mayoría de sus víctimas.

Cada vez que volvía de Cracovia a Mährisch Ostrau, rumiando mis desavenencias con Oskar y mi desconfianza hacia los propósitos de los nazis, me encontraba con la mirada despreocupada de Viktorka, para quien nada parecía pasar a su alrededor, y con las sospechas que me provocaba la presencia de los dos guardias que nos habían puesto en la casa tras el episodio del robo. Los guardias checos, una vez que habían terminado de comer en abundancia, se quedaban profundamente dormidos en los sillones de la sala, como si en realidad fuera a ellos a quienes había que cuidar.

Pese a todo, la vida transcurría de forma bastante normal y apacible. Oskar seguía con su trabajo de contraespionaje en Cracovia y yo trataba de adaptarme al ambiente de Mährisch Ostrau. Vivía en una casa de edificación en serie, situada en un barrio céntrico, a pocos minutos de la zona más activa de la ciudad. En pocos minutos y yendo a pie, tenía a mi disposición los negocios más importantes, donde hacía las compras.

## La cocinera y el militar

Yo era entonces una mujer joven y paciente. Me gustaba comparar precios y revisar la calidad de los productos que compraba, y discutía incansablemente con los comerciantes hasta conseguir lo que quería.

Viktorka vivía con nosotros. Era una excelente cocinera y se ocupaba de mantener la casa limpia y arreglada. Tenía muy buen corazón, pero era bastante terca. Aunque ya había pasado los cincuenta, lucía el cabello teñido de un rojo intenso y muy bien peinado. Cuando salía de franco se arreglaba con sus mejores galas. Se ponía un sombrero de fieltro verde con una pluma pequeña y fina al costado, a la usanza tirolesa, tomaba su cartera de cuero negro y se dirigía a la confitería más concurrida de la ciudad, donde bebía café negro acompañado de una porción de torta de manzana caliente, con mucha crema y canela. Viktorka podría haber pasado con gusto su existencia sentada en la mesa de una confitería. Era el lugar que más le gustaba.

Una noche, al regresar de hacer mis compras, Viktorka se me acercó y me preguntó qué copas debía sacar esa noche. Entonces recordé que a las ocho esperábamos una visita. Le contesté que colocara las mejores: las de bacará rojo, para el vino tinto, y las de bacará verde, para el blanco.

Esa noche yo estaba de muy buen humor porque Oskar me había enviado unas hermosas rosas rojas. Andaba de un lado a otro de la casa cantando una canción, de moda por entonces, que decía:

*Dos rosas rojas y un cálido beso,*
*es para las mujeres el mejor saludo.*

A la ocho en punto sonó el timbre de la puerta. La visita se presentó vestida con un impecable uniforme del ejército alemán, cuyos galones y medallas denotaban una alta graduación. Con lentos movimientos se quitó los guantes, la gorra y el sobretodo. Lo conduje a la sala de estar, donde se sentó en un amplio sillón tapizado de terciopelo verde. Casi inmediatamente entró Oskar y saludó al oficial alemán muy efusivamente, como si se tratara de un viejo camarada. La conversación empezó a girar en torno de cuestiones políticas. Yo hacía de vez en cuando algún comentario, como para que no se dieran cuenta de mi absoluta falta de interés por lo que hablaban.

Durante la cena, Oskar y el oficial alemán no dejaron de beber. Su conversación involucraba a personajes políticos cada vez más importantes. De pronto, el militar se puso de pie y, proponiendo un brindis, exclamó: "¡Que viva el Führer, que viva el Führer!", mientras arrojaba mi hermosa copa de cristal de bacará contra el piano, situado en un rincón del comedor.

El odio y la furia me invadieron de tal modo que, sin poder controlarme y con voz fuerte y segura me dirigí a él diciéndole: –Está muy bien que usted desee que el Führer viva... no tengo ningún inconveniente, pero no voy a permitirle que rompa las copas de bacará que son un regalo de mi madre. Si esa es su intención, me voy a ver obligada a echarlo de mi casa y a no dejarlo entrar nunca más.

Era mi primera rebelión contra un representante del Tercer Reich.

## Palomas en libertad

El trabajo de contraespionaje de Oskar ocasionó otro tipo de inconvenientes domésticos. Pensando usarlas para trasmitir información, trajo a casa tres grandes jaulas con alrededor de cuarenta palomas mensajeras y las instaló en una habitación de la terraza. Como era de esperarse, a mis ya abundantes tareas se agregó la de darles de comer, mantener limpio el lugar y cambiarles el agua todos los días.

Las pobres palomas jamás llegaron a prestar servicio alguno al Tercer Reich, pues Oskar pronto perdió interés en ellas, como le ocurría con la mayoría de las cosas una vez que las había conseguido. Después de un par de meses, y cansada de la desagradable misión de limpiar sus suciedades, decidí abrirles la jaula. Fue hermoso ver cómo las palomas aleteaban desesperadamente ante la puerta tratando de salir y desaparecían en el horizonte tras un largo vuelo de reconocimiento sobre la casa, que interpreté como una despedida. Luego me enteré de que habían regresado a Mährisch Ostrau, de donde me llamaron para quejarse porque no habíamos sabido cuidar de ellas convenientemente.

# MEMORIAS

## Los rumores de Auschwitz

En 1941, después de una pequeña fiesta con la que celebramos los treinta y cuatro años de Oskar, nos mudamos a Cracovia. Como tuve siempre mucha facilidad para aprender idiomas, al poco tiempo hablaba polaco como para hacerme entender con relativa facilidad. Además, de chica había aprendido algo con mi padre, que dominaba esa lengua a la perfección. No ocurría lo mismo con Oskar, que muchas veces debía recurrir a mí para que lo ayudara en sus conversaciones con la gente del lugar.

Cracovia está ubicada a unos cincuenta kilómetros de Auschwitz. Tal vez su cercanía con un sitio tan monstruoso y que acarrea vergüenza a tanta gente sea el motivo por el cual esta bella ciudad no forma parte actualmente de los recorridos turísticos organizados por las autoridades polacas. Desconocer Auschwitz no es la mejor manera de evitar que esas cosas se repitan.

La historia sigue allí, basta con recorrer las calles de Cracovia... Ver el palacio Wawelberg, lugar de residencia de Hans Frank, gobernador general del Tercer Reich entre 1939 y 1945, es enterarse de la demencia que llevó a este hombre a querer dinamitar la ciudad al final de la guerra, una catástrofe que la entrada de los rusos afortunadamente alcanzó a evitar.

Pero Cracovia supo conocer tiempos mejores cuando existía el Kazimierz, el barrio judío, que llegó a ser un floreciente centro económico y cultural. La catedral gótica tiene más de siete siglos y es una hermosa construcción en la que se destaca la tumba de mármol del rey Casimiro Jagiello, realizada por el escultor alemán Veit Stoss. Semejante agitación y belleza hicieron que Oskar se enamorara de la ciudad y no quisiera dejarla, siéndole más fiel que a muchas de sus mujeres y, obviamente, más que a mí.

Ocupábamos un departamento que mi esposo había comprado a unos judíos muy adinerados. Se notaba el lujo en los jarrones de porcelana, en las alfombras persas, en los tapices y los pesados cortinados de terciopelo. Las ventanas daban al Planty, serie de parques que seguía el contorno de las viejas murallas, cerca de la fortaleza de Wawel.

Oskar acostumbraba a llevar allí a sus amantes antes de mi traslado definitivo a Cracovia, sobre todo a dos de ellas: a alguien que en el libro de Keneally figura como "Ingrid", pero cuyo nombre verdadero es Amelia, y a una polaca llamada Victoria Klonowska. Amelia colaboraba con él en el servicio de contraespionaje, mientras que Victoria, gracias a sus contactos con las autoridades, mejoraba la relación de Oskar con la Gestapo.

## La soledad de los hospitales

Muchas veces había ido a visitarlo al departamento antes de mudarnos. Cada vez que yo llegaba, sus amantes desaparecían como por encanto, aunque Oskar no alcanzaba a disimular del todo lo que ocurría en mi ausencia. Yo me daba cuenta de que no dormía solo, pero prefería mirar para otro lado. Sabía mucho más de lo que él suponía y llegué incluso a conocer personalmente a algunas de sus mujeres.

Hacía tiempo que habían comenzado mis dolores de espalda. Como consecuencia de una caída se me había quebrado una vértebra, lo que cada tanto me sumía en un terrible sufrimiento que me obligaba a permanecer durante días en cama. No podía caminar y la enfermedad me paralizaba cada vez más. El viaje de Mährisch Ostrau hasta Alt Moletein, adonde iba a visitar a mis padres, me resultaba extenuante. Tenía que trasbordar en Olmütz y pasar por las ciudades de Hohendstadt y Brerau, donde el tren se detenía por casi una hora. Cuando llegaba a destino estaba literalmente destruida.

Había ido a ver a varios especialistas polacos, pero ninguno encontraba remedio a mis dolores. Gracias a los contactos de Oskar pude conseguir un pase para ser atendida en el Auguste Hospital de Berlín, al que sólo podían acceder personas de la aristocracia y altos oficiales del ejército alemán.

Una mañana gris y ventosa emprendí mi viaje a Berlín. Estaba muy triste por tener que dejar solo a Oskar en Cracovia, pero los dolores eran cada vez más insoportables. El tren comenzó a moverse lentamente mientras la figura de mi esposo, agitando su pañuelo blanco en el andén, se iba haciendo cada vez más pequeña. Durante todo el trayecto no pude dejar de pensar en lo que haría durante mi ausencia, en sus probables infidelidades.

Berlín me fascinó desde el primer momento. Ante mí se erigía la Puerta de Brandeburgo, con su magnífica Cuadriga, a su derecha, el Reichstag, en cuyo frontispicio se leía en enormes letras "Al pueblo alemán", y luego todos esos lugares que habían hecho famosa a Berlín: el Jardín Zoológico, la avenida Unter den Linden, la Catedral, los pequeños puentes sobre el río Spree, la Isla de los Museos...

Una vez en el hospital, fui recibida y atendida con toda dedicación y amabilidad. Mi médico, el profesor Kurt Enger, ocupaba el cargo de director del establecimiento. Era un hombre parco y serio pero, al profundizar mi relación con él, descubrí a una persona de buen corazón que me trató siempre como si yo fuera su hija. Tendría unos sesenta años y había alcanzado una gran experiencia en enfermedades como la que yo sufría. Después de ordenar que me sacaran varias radiografías, me extrajo una muestra de médula espinal para analizar el probable origen de mi dolencia. Poco tiempo después ya estaba listo el diagnóstico. Nunca fui una persona que llorase con facilidad, pero cuando se me informó de la gravedad de mi estado no pude evitar prorrumpir en llanto.

En total pasé dieciocho semanas en el hospital. El profesor Enger me visitaba dos veces al día y conversábamos sobre temas diferentes. Cuando tenía tiempo, me invitaba a tomar una taza de café en su consultorio. Recuerdo aún hoy la figura de ese hombre corpulento, vestido con su amplio guardapolvo blanco, mientras recorría los pasillos del enorme hospital, deteniéndose junto a cada uno de sus pacientes para averiguar su estado de salud, su evolución y acercarle una palabra de aliento. Supo ayudarme, no sólo como médico sino también como ser humano, a salir del trance en que estaba sumida. Fue mi compañía en esos difíciles momentos en que estaba tan lejos de mi esposo y pasaba los días esperando una visita que nunca se produjo.

Cuando recibí el alta, debí trasladarme a una clínica de Austria para terminar mi curación, acompañada de una enfermera berlinesa de la Cruz Roja. Era una mujer ruda y sin la menor educación. Me trataba como si estuviéramos en un cuartel militar, me obligaba a hacer largas caminatas por los alrededores del sanatorio y a cumplir una dieta innecesariamente rigurosa. Bajo su mando tuve más padecimientos que alivios.

Finalmente, llegó el momento de retornar a Cracovia. Oskar me esperaba en la estación con el enorme ramo de flores que hubiera deseado recibir de sus manos en el hospital. Las tomé sin decir palabra, pero todo mi rostro hablaba de la desilusión que sentía. El, que me conocía bien, intentó una disculpa y empezó a inventar excusas para justificar por qué no había ido a Berlín. Y, como era costumbre, lo perdoné...

Ya en casa, él frente a una copa de cognac y yo tomando una taza de té, nos pusimos al día con todo lo que había ocurrido durante mi prolongada ausencia. Me contó que había hecho muchas amistades en Polonia, que regían leyes especiales, que estaba prohibido, entre muchas otras cosas, viajar en el tren expreso...

En ningún momento demostró interés por mi salud. Por primera vez tuve miedo, sentí que ya no me amaba como antes.

## Bombas sobre Mährisch Ostrau

Fue a mi regreso a Cracovia cuando tomé real conciencia de que la guerra había comenzado y que no habría de terminar ni rápida ni fácilmente.

Debía volver a Berlín en dos meses a continuar con mi tratamiento. Había conseguido los documentos y el pase necesarios para emprender mi viaje. Partiría un viernes por la mañana. Mientras empacaba, una voz repetía en mi cabeza: "No, Emilie, no debes ir a Berlín. No lo hagas, no lo hagas". No pude conciliar el sueño en toda la noche y una pesadumbre absoluta se apoderó de mí. Me levanté con la decisión de quedarme en Cracovia y postergué el viaje. A los pocos días me enteré de que un bombardeo había destruido por completo el Auguste Hospital...

Tiempo más tarde, sin embargo, habría de saber en carne propia cómo es un bombardeo. Corría el año 1943 y yo me encontraba en Mährisch Ostrau visitando a una vieja amiga. Habíamos terminado de tomar el café, miré el reloj y me di cuenta de que, si no quería perder el tren a Cracovia, ya era hora de partir. Me despedí, prometiendo volver lo más pronto posible.

Cuando empecé a caminar por la calle era aún de día y, dado que el tren partiría en una hora, disponía de tiempo suficiente para hacer alguna compra. Me extrañó el silencio absoluto que imperaba en el lugar. De pronto, empezaron a oírse desde lo alto los ronroneos de las turbinas de un cazabombardero. Parecía haber surgido de la nada y sobrevolaba el cielo como si estuviera haciendo un reconocimiento. Enseguida apareció otro avión y luego uno más... Todo volvió a quedar en silencio y sentí un enorme alivio. Pero la tranquilidad sólo duró unos segundos, al rato el ruido era absolutamente ensordecedor.

Las bombas empezaron a caer. No había mucho tiempo para llegar al refugio más próximo, que se encontraba a unos sesenta metros de donde me hallaba. Mientras corría sentí otro estruendo, giré rápidamente la cabeza y vi cómo una bomba hacía desaparecer en pedazos un enorme muro que se erigía muy cerca de donde había estado parada... Un muro que había sido testigo de cientos de años de historia y que se hacía polvo en cuestión de segundos. Así era la guerra, el trabajo de toda una vida se disolvía en instantes, a una velocidad imposible de concebir.

Ya en el refugio, donde la gente se había agolpado por el miedo, no quedaba un solo rincón desocupado. Me hice un sitio como pude entre esa masa uniforme, tratando de contener el aliento en medio de la oscuridad. Perdí rápidamente la noción del tiempo. Finalmente, llegó alguien del exterior para informarnos que todo había terminado. Al salir, el panorama era desolador. Todo estaba en ruinas: las casas, el empedrado; los árboles estaban partidos por la mitad y el humo que parecía surgir de los escombros apenas permitía divisar el horizonte.

Luego supe que habían sido cazas norteamericanos que pretendían destruir los yacimientos de carbón de la ciudad. En apenas dos horas de bombardeo de los aliados, dos mil personas perdieron la vida en las calles de Mährisch Ostrau.

## La guerra es un buen negocio

Todas las noches venía a casa de visita algún militar de alto rango para conversar con Oskar. Aquellos oficiales no sólo se distinguían por su uniforme de las

SS, a quienes despreciaban profundamente, sino también por su actitud en general, su educación y sus ideas. De todos modos, yo trataba de mantenerme al margen. No quería escuchar, no quería saber, quería estar lo más lejos posible de todo aquello.

El mayor Von Kohrab, jefe de la sección polaca del Servicio de Contraespionaje, solía quedarse a cenar con nosotros. Oskar tenía una relación bastante íntima con él y estaba perfectamente al tanto de su secreto. Una noche, mientras estábamos de sobremesa, Von Kohrab le habló por primera vez a mi esposo de la posibilidad de adquirir una fábrica de enlozado. La empresa había pertenecido a tres industriales judíos de Cracovia que él conocía, se hallaba en concurso y la Justicia pretendía venderla.

–Es un buen negocio, Herr Schindler –dijo Von Kohrab, guiñándole el ojo.

–Sí, aunque un poco turbio, ¿no lo cree, Herr Komandant? –replicó Oskar.

–En la guerra se gana y se pierde, Herr Schindler –contestó el militar, sin perder su buen humor–. Usted compre la fábrica, que de pelear las batallas nos ocupamos nosotros.

La oferta terminó por convencer a mi esposo, que arregló rápidamente una entrevista con los dueños. El señor Bankier, uno de los tres socios, vino a casa en enero de 1942, si mal no recuerdo. Su aspecto y la manera de comportarse durante la reunión me revelaron a un hombre temeroso, que parecía vivir en un país extraño, en el cual no sentía tener derecho a nada. Era pequeño, rollizo y de cabellos oscuros. Luego de quitarse el sobretodo y el sombrero, se sentó en el borde del sillón, como dispuesto a marcharse en cualquier momento. Sus gestos mostraban desconfianza, pero lo que más me impactó fueron sus ojos negros, escondidos detrás de unas gruesas gafas. Los movía permanentemente y era fácil darse cuenta de que, con una sola mirada, había reconocido el lugar y podía saber dónde se encontraba cada cosa.

Bankier fue claro en su exposición. Oskar tomaba notas y no dejaba de hacerle preguntas. El precio era alto, pero la decisión de comprar la fábrica estaba tomada de antemano. Con el acuerdo, no sólo se firmó un contrato, sino también un pacto entre personas de distintas creencias religiosas, cuyas consecuencias nadie imaginaba por entonces.

## La fábrica de enlozados

La fábrica se encontraba en un estado lamentable y hubo que reparar casi todo. Oskar debió invertir muchísimo dinero para ponerla en marcha. Para eso contó con la ayuda de Isaac Stern, el contador de la fábrica, y del propio Bankier, que era un as en el mundo de los negocios.

En la película de Spielberg, Stern aparece como la mano derecha de Oskar. No estoy segura de que esto haya sido exactamente así. Stern volvió a ponerse en contacto conmigo mucho tiempo después, una vez finalizada la guerra, cuando hacía cinco o seis años ya que Oskar se había marchado a Alemania. Me escribió para avisarme que había un contrato con la Metro

Goldwin Mayer para filmar una película –que jamás se hizo– sobre nuestra historia. Supongo que a Oskar le daba vergüenza contármelo y Stern seguramente se puso en contacto conmigo a instancias de él.

Lo más difícil para poner la fábrica en funcionamiento fue lograr que las SS permitieran la contratación de obreros judíos provenientes del gueto de Cracovia, la principal condición de Bankier para la venta del establecimiento. Una vez lograda la autorización, los trabajadores fueron elegidos según su capacidad, estado de salud y edad. Después de esta selección, todos ellos fueron trasladados al campo de Plaschow, situado en las afueras de Cracovia, en lo que habían sido los terrenos del cementerio judío. El pago de los jornales quedaba supuestamente a cargo de la SS.

En Plaschow, todo aquel que tuviera más de catorce años estaba obligado a trabajar. Los que tenían menos eran ejecutados o utilizados en experimentos médicos. Muchos padres se veían obligados a falsear la edad de sus hijos para salvarlos de una muerte segura y horrible. Las mujeres judías tenían miedo de quedar encintas...

Una vez se me acercó una joven y me confesó que había quedado embarazada de su novio. No sabía qué hacer, ni con quién hablar, ni a quién dirigirse por ayuda. Por el solo hecho de hablar con una muchacha judía ponía en riesgo mi vida y mucho más si trataba de hacer algo por ella. De todos modos, sentí que debía ayudarla. Me entrevisté con un médico de un hospital de la ciudad y, sin mencionar que se trataba de una mujer judía, le pedí que se hiciera cargo del problema. A pesar de haber estado siempre en contra del aborto, me pareció entonces que era la única solución posible.

En otra oportunidad, se me acercó uno de los obreros de la fábrica. Con expresión confusa y temblorosa, me contó que se le habían roto los anteojos y que sin ellos no podía seguir trabajando. Aunque cada uno de estos pedidos me hacía temblar de miedo, encontraba siempre la manera de solucionarlos. El hombre tuvo, finalmente, sus nuevos anteojos.

Yo veía a esos pobres judíos reducidos a esclavos, tratados como animales, a quienes se les prohibía todo, incluso usar ropa interior por debajo de sus uniformes, cualquiera fuera la época del año. Los veía así, despojados de todos sus bienes, hasta de sus familias, sin derecho siquiera a una muerte digna, y no podía sino apiadarme de su terrible destino.

Ni ellos ni yo podíamos comprender lo que estaba ocurriendo. No sé si un día alguien podrá entenderlo. Yo no pude entonces, hoy tampoco puedo...

## Cigarrillos y perros malhumorados

Una mañana, en la fábrica de Cracovia, arrojé una colilla al piso y un judío que se encontraba muy cerca se abalanzó sobre ella y se puso a fumar lo que quedaba del cigarrillo. Un teniente de las SS, en cuanto lo advirtió, se dirigió enfurecido hacia mí y con voz amenazante me dijo:

–Usted ha tirado intencionalmente esa colilla para que el judío pueda fumar. Sabe usted muy bien que no se debe favorecer a los judíos bajo ninguna circunstancia. A partir de ahora cuídese de lo que hace porque voy a estar vigilándola.

–Primero, le prohibo terminantemente hablarme en ese tono –respondí enérgicamente–. Segundo, si tiré la colilla, fue porque el cigarrillo se había terminado. Además, no era mi intención que la recogiera nadie en particular.

Situaciones como ésta se repetían día tras día. Otra vez, mientras paseaba por la calle acompañada de una joven polaca, me crucé con un oficial de las SS que se paseaba con un perro muy pequeño, casi un cachorro. El animal pasó junto a nosotras, se dio vuelta de pronto y mordió a la muchacha en la pierna. Mi reacción fue instantánea: tomé al perro por la cola y lo arrojé con fuerza bien lejos de donde estábamos. El oficial se abalanzó sobre mí, pero yo le respondí enfurecida:

–Si usted no es capaz de controlar a su perro, yo no me hago responsable de mis actos y, si da un paso más, le voy a demostrar claramente quién soy.

## *Retrato de Amon Goet*

Poco antes de que Oskar comprara la fábrica, nos presentaron a Amon Goet, comandante del campo de concentración de Plaschow.

Goet ha sido el ser más despreciable que conocí en toda mi vida. Tenía una doble personalidad: por un lado, parecía un refinado caballero, como todo vienés, y, por el otro, se dedicaba a someter a los judíos que estaban bajo su jurisdicción a un terror constante.

Oskar, incomprensiblemente, se había granjeado su amistad y una noche lo trajo a cenar a casa. Jamás podré olvidar su aspecto: medía casi dos metros, tenía caderas femeninas, su cabello era oscuro y su enorme boca, de labios carnosos, se abría como para tragárselo todo mientras no paraba de reír. Recuerdo a Goet más bien delgado, no como en la película, donde se insiste tanto con su gordura y sus problemas de peso.

Mientras conversábamos, Goet bebía sin cesar y mi esposo empezó a tratar de seguirle el ritmo. Antes de conocer a los nazis, apenas si probaba una gota de alcohol de vez en cuando. Ahora tomaba constantemente, como su padre... Yo temía que acabara por convertirse en un alcohólico.

En una ocasión vinieron de visita varios oficiales de las SS. Oskar, haciendo las veces de anfitrión, reía complaciente mientras se hundía en su sillón de felpa rojiza. Goet participaba también de la reunión y, como era su costumbre, había bebido hasta reventar. En un momento de la velada tocaron a la puerta y la empleada hizo entrar a un mayor del ejército alemán. Goet se levantó tambaleándose del sillón, miró con un aire de desprecio al recién llegado y le dijo con la voz empastada por el alcohol:

–¿Quién eres tú, enano ridículo?

La atmósfera fue volviéndose cada vez más tensa para todos los presentes, que empezaron a abandonar la casa de a uno, con cualquier excusa. Goet seguía gritando:

–Ustedes, los militares, creen que tienen las manos limpias. Son tan aristocráticos, combaten con caballerosidad... No hunden sus narices en la carroña... Cobardes, pretenden salvar sus almas, mientras nosotros trabajamos de ángeles guardianes y les cuidamos las espaldas.

Que Oskar compartiera tantas horas de su vida con aquella bestia era algo que me tenía constantemente en vilo, pues me hacía comprender la gravedad de la situación en la que estábamos metidos. En Plaschow, Goet daba rienda suelta a sus instintos más sanguinarios. Por las mañanas, sacaba su rifle y practicaba tiro con blancos humanos, disparando sobre los judíos que trabajaban en el lugar. Nunca pude llegar a entender qué era lo que lo llevaba a eso y sus actitudes me hacían aun más incomprensible la condición humana.

En su persona se combinaban la más terrible barbarie con un grado superlativo de refinamiento. Era capaz de matar a sangre fría y, al mismo tiempo, de distinguir una nota mal tocada en cualquiera de los discos de música clásica que escuchaba incesantemente.

Edith, su amante, trataba de calmarlo en los momentos de ira, pero pocas veces lograba hacerlo desistir de su sanguinaria costumbre de matar indiscriminadamente.

Fue Oskar quien se la presentó a Goet. Juntos tuvieron una hija que ha negado siempre los crímenes de su padre. Edith reside actualmente en los Estados Unidos y ha tratado de separarse de esa historia. Volvió a casarse, se divorció y ahora vive con otro hombre.

En el mismo campo de Plashow, Goet tenía una mucama judía. Estaba perdidamente enamorado de ella y todos los días se dedicaba a pegarle brutalmente para no poner en evidencia sus sentimientos.

La relación que Oskar mantuvo con Goet no dejó de traerle problemas, incluso llegó a costarle algunos días de cárcel. El motivo no fue besar a una chica judía, como se cuenta en la película, sino haber guardado unos cajones de Goet que, según las SS, contenían armas y joyas robadas. Yo estaba allí cuando los abrieron y encontraron ropas viejas y uniformes que ya no servían para nada. Lo único que tenía algún valor era una bolsa con nueces que fueron rápidamente devoradas por los soldados. Uno de ellos me invitó a probarlas, pero me negué. No quería que Goet pensara que me andaba comiendo sus manjares sin aprobación.

Cuando terminó la guerra, los checos capturaron a Goet y lo colgaron en un cuartel. Desde entonces, aquel demonio se me aparece en sueños, como una terrible máscara sangrienta que explota en mil pedazos...

## Nazis en venta

La situación había empeorado de tal manera que Oskar se veía obligado a hacer regalos cada vez más costosos y a entregar grandes sumas de dinero para seguir teniendo sus obreros judíos. Estas "dádivas" consistían en brillantes, caviar, cigarrillos, cognac y otros tesoros que sólo podían conseguirse en el mercado negro a precios altísimos.

Una noche Oskar volvió muy apesadumbrado a nuestro departamento de Cracovia. Entró casi sin saludar y lo primero que hizo que fue dirigirse al aparador donde se hallaba la botella de cognac, que se había convertido en su amiga inseparable.

Se sirvió una buena cantidad y, sin quitarse el sobretodo, bebió la copa de un sorbo, como quien quiere ahogar una profunda amargura. Yo, que ya conocía estas actitudes de Oskar, lo dejé en paz por un rato y me acerqué después para preguntarle si estaba dispuesto a cenar. Le dije que había preparado su plato favorito: repollo saltado con manteca y cebollín, acompañado por un poco de carne, según las raciones que podían obtenerse en el año 1944, unos cien gramos diarios, y esto con suerte... Como nunca me interesé demasiado por la comida, la mayoría de las veces le dejaba mi porción. Pero pueden imaginarse en qué se convierten doscientos gramos de carne una vez cocidos. Oskar, que era un hombre de buen comer, no quedaba nunca demasiado satisfecho con estas raciones.

Aceptó acompañarme en la mesa con un gesto casi imperceptible.

Nos sentamos y yo, en un estado de angustiosa expectativa, servía el agua y el vino mientras esperábamos que llegara la cocinera y pusiera la cena sobre el mantel. Me preguntaba si debía esperar a que termináramos de comer para tratar de averiguar qué era lo que estaba pasando. Tal vez lo conveniente fuese dejar pasar el tiempo, pero el riesgo era que Oskar se levantara sin decir palabra. Fue entonces que tomé la decisión:

–¿Qué está pasando, Oskar? ¿Es muy grave la situación en que nos encontramos? ¿Qué es lo que va a suceder?

Suponía que lo que le producía esa rara tristeza era el rumbo de la guerra. No me equivocaba...

## *La lista de Schindler*

—Mira, Emilie —me contestó, apesadumbrado—, la situación se vuelve cada vez más insostenible. Goet ha decidido cerrar el campo de Plaschow y enviar a todos los prisioneros, inclusive a nuestros obreros, a Auschwitz. Ya he mantenido varias conversaciones con él, tratando de convencerlo de las más diversas maneras. Lo importante es que consigamos llevarnos a nuestra gente a otro lugar para poder seguir trabajando. Me han ofrecido una fábrica de municiones en Brünnlitz, creo que es el sitio ideal. Pero realmente ya no sé cómo hacer para convencerlo de que nos autorice el traslado. He recurrido a los brillantes, a las joyas, al dinero, al vodka, a los cigarrillos, al caviar... No se me ocurre a qué otro recurso apelar... Le llevaré un par de lindas mujeres para contentarlo de alguna manera, ya que la relación que tiene con su última amante parece no funcionar. Es una mujer de carácter pacífico y se ocupa todo el tiempo de disuadirlo de cometer su actos de sadismo. Goet empieza a cansarse de ella... Tal vez esto funcione. Otra cuestión que me preocupa es la lista de personas que debemos presentarle. No conozco a los hombres, ni a sus familias, apenas sé el nombre de los pocos que se acercan a la oficina para avisarme que falta alguna cosa. Pero del resto no tengo idea... He hablado ya con los que me vendieron la fábrica. Uno de los judíos se hará cargo de la confección de la lista de los obreros que llevaremos a Brünnlitz. Todo esto me tiene nervioso y deprimido, no estoy acostumbrado a no poder manejar las cosas.

Yo escuchaba en silencio su largo y doloroso monólogo, mientras lo veía realmente preocupado por primera vez. Sentía que debía ayudarlo pero no sabía cómo, dado que yo iba muy rara vez a la fábrica de Cracovia. Cuando terminamos de conversar, lo noté más tranquilo, más aliviado. Había encontrado alguien con quien poder compartir su problema. Si bien su comportamiento como marido dejaba bastante que desear, yo seguía siendo su esposa.

Fue así como se hizo la lista. Nunca pude saber el nombre exacto de la persona que la elaboró, pero creo que fue Goldman. Un tal doctor Schwarz, de Cracovia, me contó que había visitado a este hombre y que le había pagado una enorme suma de dinero para que anotara a su esposa en la lista. Sin embargo, al producirse la mudanza y el traslado de la fábrica a Checoslovaquia, ella fue enviada a otro campo de concentración donde pudo haber muerto. Quiso el destino que al terminar la guerra se encontraran nuevamente. La mujer había logrado salvarse casi por milagro.

Las declaraciones del doctor Schwarz, junto con otras similares de algunos integrantes de la lista que hablaban de grandes sumas de dinero invertidas para salvar vidas, nos producían irritación, tanto a Oskar como a mí. Mi esposo no estaba al tanto de todas estas manipulaciones y fraudes. Tampoco fue cierto que Oskar pretendiera aprovecharse del trabajo gratuito de los judíos. Hubo otros casos, como el de un hombre que tenía una fábrica de vestimentas para el ejército con tres mil obreros judíos. Un día huyó abandonando a todos sus empleados: las SS los subieron a un barco viejo y los ahogaron en el mar.

Mientras la guerra seguía su marcha, mientras el ejército alemán se debilitaba en Stalingrado y los judíos eran asesinados en las cámaras de gas de los campos de exterminio, había gente que se beneficiaba y lucraba con la situación.

¿Qué debe hacer una persona cuando su paisaje cotidiano son cadáveres tirados por todas partes, trozos de cuerpos arrojados sin que nadie sepa a quién pertenecen? ¿Qué debe hacer una persona ante toda esa muerte que hasta hoy aparece una y otra vez en mis pesadillas?

Por eso, cuando me preguntan si estoy alegre de saber que tantos judíos han conseguido salvar sus vidas, contesto que sí, que me produce una gran felicidad que por lo menos haya gente que no murió en los campos de exterminio. Sin embargo, en ese momento era muy difícil tener conciencia de lo que sucedía a nuestro alrededor. Todo transcurría con tal velocidad que cada día, al despertarnos, la vida parecía algo provisorio y milagroso. Es difícil trasmitir esta sensación a quienes no han pasado por una guerra...

Para confeccionar la lista se tomó en cuenta a los judíos que trabajaban en la fábrica de cacerolas: unas trescientas personas, más otras setecientas cincuenta que provenían del campo de concentración de Plaschow. El resto de los mil trescientos surgió, por lo que pude saber, de varias recomendaciones de gente conocida, entre las que se mencionaba con insistencia a ese tal Goldman.

Pero, aparte de la aprobación de la lista, era necesario obtener un permiso del intendente de Brünnlitz para instalarnos allí. Un trámite que se presentaba como bastante difícil, dado que el intendente representaba el pensamiento de la gente del lugar, que de ninguna manera quería tener judíos a su alrededor. Además, al tratarse de una fábrica de municiones, la ciudad podía convertirse en blanco de los bombardeos aliados, con el peligro que eso significaba para la población civil. Pero era Brünnlitz o Brünnlitz, no había alternativa. Si no se conseguía el permiso, Oskar sería enviado al frente y los judíos serían asesinados uno a uno. El campo de Plaschow debía ser desalojado.

Hablé con Oskar y le propuse que dejara todo en mis manos. Muy resuelta, me dirigí a la casa del intendente. Imaginen mi sorpresa cuando el rostro que me atendió fue resultándome cada vez más familiar. Poco a poco me fui dando cuenta de que se trataba de mi viejo profesor de natación. Poder conversar de los viejos tiempos, recordar anécdotas, hablar de su familia y la mía favoreció mi pedido. Le solicité un permiso sellado y firmado por él para instalar la fábrica de municiones en Brünnlitz.

Salí de la intendencia con la autorización en la mano.

## Auschwitz, el horror sin fin

Los trabajadores llegaron a Brünnlitz en la primavera de 1944, pero el tren en el que viajaban las mujeres no aparecía. Todos temíamos por sus vidas, por más que mi esposo le había pagado a Goet altas sumas de dinero para que dejara salir sin problemas a los mil trescientos integrantes de la famosa lista. Luego de un par de comunicaciones con la comandancia alemana en Cracovia, Oskar pudo averiguar que el transporte con las mujeres había sido derivado hacia Auschwitz. Se encontraba confundido, nervioso, pero, a pesar de lo difícil de la situación, decidido a no dejarse amedrentar y a intentar cualquier cosa. Yo, como siempre, estaba dispuesta a ayudarlo.

Oskar y yo nos hallábamos en el despacho. Sobre la mesa, se encontraba la inevitable botella de cognac. Mi esposo tomó el teléfono y llamó a Schöneborn, que ocupaba el cargo de ingeniero en jefe de la fábrica y pertenecía al personal civil. Cuando se presentó, Oskar lo miró duramente a los ojos, sacó del bolsillo una pequeña bolsa, cuyo contenido yo conocía perfectamente, y se dirigió a él en un tono que no admitía réplica:

–Debo confiarle una misión muy importante. Sin las mujeres no podremos seguir adelante con la fábrica. Necesitamos mano de obra y, además, los hombres se están poniendo muy nerviosos y se preguntan por qué no vienen sus esposas. Presienten que algo raro sucede. Le encargo que vaya de inmediato a Auschwitz, que hable con quien tenga que hablar, que pague el precio que sea, pero quiero a esas mujeres aquí. Confío plenamente en usted, sé que es un hombre correcto, respetuoso de su palabra.

–Así lo haré, Herr Direktor– respondió Schöneborn, tomando la bolsa con los brillantes y apretándola contra su pecho.

Enseguida pidió permiso para retirarse, giró sobre sus talones y desapareció detrás de la puerta. No me cabe duda de que Schöneborn entregó las piedras a las SS, que le prometieron liberar a las mujeres.

El tiempo pasaba y seguíamos sin tener noticias de las obreras judías. Habían transcurrido ya varios días desde que la fábrica se había puesto en funcionamiento y el ansiado tren proveniente de Auschwitz aún no aparecía. Todo eran conjeturas, suposiciones –una más terrible que la otra– sobre el destino de aquellas pobres mujeres.

Auschwitz era, sin duda, el campo de concentración más terrible que había ideado la barbarie nazi. Una perfecta maquinaria del crimen, donde todo estaba minuciosamente planificado, donde las chimeneas y crematorios funcionaban día y noche. Veinticuatro horas de ejecución continua de personas cuyo único delito era el de profesar una creencia religiosa diferente.

La orden para la construcción de aquel infierno fue dada por Heinrich Himmler, la máxima autoridad de las SS, en abril de 1940. El campo estaba instalado a unos sesenta kilómetros al este de Cracovia y para edificarlo fue necesario desalojar siete pequeños pueblos polacos. Sobre el portón de acceso estaba escrita en letras de hierro la leyenda "El trabajo libera" (*Arbeit macht Frei*). En sus veintiocho barracas, los prisioneros dormían sobre paja o tablones de madera, tras extenuantes jornadas de trabajo de más de doce horas. Mal alimentados, maltratados y golpeados permanentemente, esos pobres hombres y mujeres esperaban la muerte como un alivio a tan humillante forma de vida.

En 1941 se decretó la llamada "solución final al problema judío", por lo que se hizo necesario ampliar el campo y construir otro en Birkenau, a tres kilómetros de distancia de Auschwitz. Los transportes llegaban hasta la rampa, donde la gente era sometida a un proceso de "selección" que llevaban a cabo los SS junto con los médicos que estaban a su servicio. Una vez que se separaba a quienes estaban en condiciones de trabajar, el resto era enviado directamente a las cámaras de gas. Algunos eran elegidos para los experimentos "científicos" y "médicos" que estaban a cargo del siniestro doctor Joseph Mengele, conocido como el "Angel de la Muerte". A sus manos llegaban niños, sobre todo mellizos o gemelos, y discapacitados de toda clase.

En 1943 se construyeron los crematorios, al mismo tiempo que las cámaras de gas y los hornos, con lo que la espantosa maquinaria de la muerte ya no conoció descanso.

En uno de los tantos viajes que debí realizar para llevar papeles de Mährisch Ostrau a Cracovia, me tocó viajar en el mismo compartimiento del tren con un hombre y un muchacho apenas adolescente que no dejaban de mirar por la ventanilla con expresión asustada. Observando a quien parecía ser el hijo, percibí que debía tener unos veinte años, pero que su deplorable estado me había hecho confundirlo con un niño.

Era de una delgadez extrema, tenía aspecto enfermizo y no dejaba de tiritar, aplastándose contra el asiento. Le pregunté a quien supuse que era su padre qué pasaba con el muchacho, por qué presentaba ese aspecto tan espantoso. Con lágrimas en los ojos, me contó que su hijo había sido apresado por la Gestapo en Praga y que había sido trasladado a Auschwitz, donde había sido sometido a experimentos médicos con el virus de la malaria. Sólo un enorme despliegue de ruegos, gestiones y trámites del padre, sumado al estado del joven, habían conseguido dejarlo en libertad.

El muchacho había sido acusado de participar en el asesinato de Reinhard Heydrich, el *Gauleiter* de Bohemia y Moravia.

## Hilde y el rescate de las mujeres

Desesperado por la suerte de las obreras y sin saber ya a quién recurrir, Oskar se dirigió en auto a Zwittau, donde se entrevistó con una vieja amiga de la infancia, llamada Hilde, y le pidió que fuera a Auschwitz y se encargara personalmente de liberar a las mujeres. No sé qué contactos tenía Hilde entre los altos rangos de la burocracia nazi, pero lo cierto es que, de una manera u otra, consiguió su objetivo. Días más tarde llegaba a la explanada el tren con las trescientas prisioneras.

Hilde era hija de un rico industrial alemán, que había partido un día hacia México sin equipaje para no volver jamás. De una hermosura poco común, delgada y esbelta, su rubia cabellera llamaba la atención de hombres y mujeres. Siguiendo los impulsos de su carácter independiente, amaba la libertad, por sobre todas las cosas. Nunca quiso contarme por qué lo hizo, ni cómo se las ingenió en el campo de concentración para lograr que dejaran salir a las mujeres, pero sospecho que su inmensa belleza jugó un papel decisivo en ello.

Nuestra relación con Hilde venía de mucho tiempo antes. Formaba parte de nuestro grupo de verano y se destacaba por ser una excepcional nadadora. Su familia y la de Oskar habían sido amigas. Ambas vivían en Zwittau, una ciudad que a principios de siglo era lo bastante pequeña como para que todos se conocieran entre sí. Con el tiempo, pude enterarme de que Hilde trabajaba para la Wehrmacht. Poco después de las gestiones que realizó para sacar a las mujeres de Auschwitz y llevarlas a Brünnlitz, le perdimos el rastro. Cuando fuimos a buscarla, ya no estaba, y nadie pudo decirnos qué había sido de ella.

Nunca se ha hablado de Hilde y me parece que este libro es un buen lugar para recordar todo lo que hizo esta magnífica mujer.

## *Como el Ave Fénix*

Cuando el tren que traía a las obreras llegó a Brünnlitz, se produjo una gran conmoción. Los festejos y las risas se mezclaban con las lágrimas, mientras los soldados alemanes observaban en silencio, con una mirada de soslayo que no dejaba de ser amenazante.

Las mujeres llegaron del campo de concentración en un estado calamitoso. Flacas, desnutridas, esqueléticas. Yo misma me ocupaba de darles sopa de sémola en la boca y de hacerles tomar sus remedios. La mejoría fue prácticamente instantánea, se sentían protegidas y cuidadas, a salvo, al menos mientras pudieran permanecer en Brünnlitz.

Oskar y yo sabíamos, sin embargo, que sólo se trataba de un lugar de paso. Un día me acerqué a Oskar, que estaba escribiendo una carta, y le pregunté casi al borde de la desesperación:

–¿Hasta cuándo durará todo esto? ¿Será eterno el martirio de la guerra?

–Mi querida Emilie –me contestó con voz apesadumbrada, mientras me miraba con ojos tristes–, hemos dado un salto al vacío. Volver atrás es imposible.

El día que llegamos a Brünnlitz desempacamos nuestras cosas y nos dirigimos a ver en qué estado se hallaba la fábrica. El establecimiento, anteriormente una hilandería, había pertenecido a un empresario judío. Todo estaba abandonado. En cada rincón había enormes cajones con lana, los vidrios estaban rotos y por todas partes quedaban recuerdos de lo que alguna vez debió haber sido un clima de intensa actividad.

–¿Y aquí vamos a poner en funcionamiento una fábrica de municiones? –le pregunté a mi esposo, desolada ante el espectáculo.

Oskar, como siempre, se mostraba sereno y me respondió con una voz que, pese a todo, dejaba traslucir su preocupación:

–Emilie, nosotros somos como el Ave Fénix, siempre vamos a resurgir de las cenizas. Ya vas a ver cómo muy pronto todo va a cambiar y de a poco voy a ir poniendo en pie este lugar.

Quise creer en sus palabras, pero había algo en mi interior que me decía que esta vez no había motivo alguno para confiar en lo que decía. Era una especie de presagio, como otros que tuve a lo largo de mi vida.

A los pocos días, se instaló el alto horno que serviría para la producción de municiones y que había sido traído especialmente desde Cracovia. El encargado de dirigir todas las actividades era Schöneborn, que había sido ya jefe de ingenieros en la fábrica de enlozados, un hombre realmente incansable, capaz de ordenar el trabajo, reparar maquinarias y controlar todo el proceso productivo.

## Los días en la fábrica

En la fábrica trabajaba la señorita Kronovsky, una mujer que había venido con nosotros desde Zwittau y que era notablemente prolija y puntual. Hacía las veces de secretaria y debía llevar las listas con todos los obreros del establecimiento. Las listas debían presentarse cada ocho días, en el momento en que nos entregaban las raciones de alimentos, calculadas según las calorías supuestamente necesarias, a pesar de que una vez por mes recibíamos una libreta con los vales correspondientes a cada uno de los obreros.

El trabajo de la señorita Kronovsky era arduo y delicado, pues las autoridades alemanas exigían numerosos datos y no admitían errores. Examinaban las listas con detenimiento maniático y cada falta era penada de manera rigurosa y con exigencias de dinero. La supervisión de la fábrica de municiones estaba a cargo del ejército, que tenía rodeado el predio con alambradas electrificadas y disponía de doscientos cincuenta hombres fuertemente armados, a las órdenes del SS Obersturmführer Leopold, un austríaco bajo y rechoncho que venía de comandar un campo de concentración en Budzin, Polonia, dedicado a la producción de aviones.

Mientras nosotros estuviéramos en Brünnlitz, los

judíos eran intocables. Pero Oskar y yo éramos también prisioneros de los alemanes. Si intentábamos escapar, mi esposo sería enviado al frente y vaya a saber qué me pasaría a mí.

La comandancia general del lugar estaba a cargo del oficial Lange, jefe de todas las fábricas alemanas de municiones. Era todo un caballero y, cada vez que nos visitaba, lo hacía vestido de civil, tal vez como una forma de mostrarnos su desacuerdo con los nazis. Decía, una y otra vez, que él trabajaba para su país y no para un determinado gobierno o sistema.

Lange era conocido por su rectitud y su sentido de la justicia, por lo que su llegada a la fábrica no dejó de provocarnos temores de que hallara algo que no se adecuara a sus rígidos criterios. Cuando llegó de Berlín a efectuar su primera inspección de la fábrica, lo invité a almorzar con nosotros en nuestra casa, donde podría aprovechar para descansar de su largo viaje. Felizmente, todo transcurrió de la manera más cordial y amistosa.

A pesar de que Brünnlitz era un poco más apacible que Plaschow, el terror estaba a la orden del día. No mucho tiempo después de que nos instaláramos, una mujer apareció colgada en el pueblo, acusada de haberse enamorado de un prisionero inglés. Cuando el romance trascendió, fue llevada ante la comandancia e interrogada con la mayor de las brutalidades, como si el amor fuera un crimen imperdonable. Al día siguiente, fue escoltada por un par de soldados hasta un enorme árbol en un descampado y ahorcada. Su cuerpo permaneció allí durante ocho días para que absolutamente todos nos diéramos perfecta cuenta de lo que nos esperaba si ayudábamos a cualquiera que fuera considerado un enemigo del Führer y de la causa del Tercer Reich.

Vivíamos en un constante temor de que las SS lle-

En casa de mis padres, tratando de tocar una vieja mandolina. Alt Moletein, 1926.

Nuestra foto de bodas. Me sentía como la bella durmiente junto al príncipe que me había devuelto a la vida. Zwittau, 1928.

Recién casada, cuando todavía convivíamos con los padres de Oskar. Zwittau, 1929.

Oskar,
elegante como siempre,
en la época en que trabajaba
para el Servicio de
Contraespionaje alemán.
Mährisch Ostrau, 1936.

Con mi querida Traude, la sobrina
de Oskar, durante unas vacaciones
de invierno en los Sudetes, 1941.

Mis amigas, Traude y yo, posando contra el fondo nevado
de la cadena montañosa de los Sudetes, 1941.

Traude montada en un enorme oso de felpa ante la mirada divertida de su tía y una amiga. Sudetes, 1941.

Emilie Schindler en Polonia. Circa 1940.

Con Oskar, en Mährisch Ostrau, 1942. Acabábamos de comprar la fábrica de enlozados y pasábamos por un buen momento.

Oskar canta durante una fiesta, acompañado en el acordeón por aquel amigo que reencontramos en Munich, después de la Guerra. Cracovia, 1943.

Bailando en la misma fiesta. Tal vez una manera de olvidar, aunque más no fuera por un momento, la tragedia que nos rodeaba. Cracovia, 1943.

De visita en Zwittau, junto a Elly, la hermana de Oskar, y Traude, 1943.

Un momento de dicha, junto a Traude y mis infaltables perros. Ratisbona, 1947.

Abraham Bankier y Rega Peller Bankier, dueños de la fábrica de enlozados de Zwittau, hacia 1950.

Oskar seduce al auditorio femenino. A la izquierda, Gisa, su amante, que lo siguió hasta la Argentina. San Vicente, 1952.

Conversando con Bill Clinton, presidente de los Estados Unidos, durante el estreno mundial de *La lista de Schindler*. Nueva York, 1994.

En un acto de la fundación judía B'nai B'rith, que me ayudó cuando Oskar partió definitivamente hacia Alemania. Buenos Aires, 1994.

Erika Rosenberg y yo, saludando al presidente alemán Roman Herzog, un hombre muy cálido. Bonn, 1995.

Con Juan Pablo II, en el Vaticano, 1995. Un momento inolvidable.

En el Coliseo, durante un paseo por Roma, una ciudad que me recibió con afecto, 1995

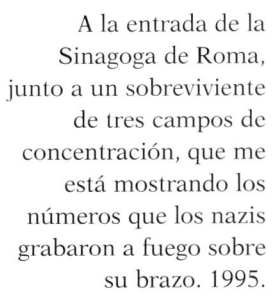

A la entrada de la Sinagoga de Roma, junto a un sobreviviente de tres campos de concentración, que me está mostrando los números que los nazis grabaron a fuego sobre su brazo. 1995.

Esta soy yo, Emilie.
En mis arrugas está escrita,
como en las páginas de este libro,
la historia de mi vida.

garan a descubrir que estábamos ayudando y dando de comer a los judíos. Otro gran enemigo era el tifus, que se trasmitía a través de los piojos. En la lavandería hervíamos la ropa a ciento veinte grados para exterminarlos. La peste hubiera servido a los nazis de argumento suficiente para cerrar la fábrica de Brünnlitz.

Habíamos recibido un cargamento de planchas de acero, destinadas a ser templadas en una prensa para producir los casquetes de las municiones antitanque. La fábrica tenía todo lo necesario: piletas de ácido sulfúrico, hornos eléctricos, enormes depósitos. Pero nunca salió nada de allí.

Nos rodeaban las altas alambradas, los vigías siempre de pie sobre sus torres, desde las cuales se podían contemplar el río y el pueblo, donde estaban las fábricas Skoda y Bota. Esta última, si mal no recuerdo, producía zapatos.

Dormíamos en un cuarto al lado de un largo pasillo donde estaban instaladas las máquinas. Nuestra única compañía eran nuestros ovejeros, Rex y Karin. Rex había obtenido tres medallas por su pedigrí y era un animal muy inteligente. Con Karin conformaban un matrimonio fiel entre ellos y leal a sus dueños.

Las actividades que exigía nuestra estancia en Brünnlitz me tenían ocupada todo el día. Mi tarea era organizar la comida para todo el personal de la fábrica. El edificio tenía su propia usina eléctrica, tanto a carbón como a vapor, por lo que no faltaban la calefacción y el agua caliente en invierno.

Además de los integrantes de la lista, trabajaban algunos checos y polacos. Pese a todos nuestros cuidados y esfuerzos, las vituallas que asignaban las autoridades alemanas no siempre alcanzaban para todos. Los obreros judíos recibían una ración más sustanciosa de alimentos, porque tenían a su cargo las tareas más pesadas. Yo procuraba que siempre tuvieran más pan del que estaba estipulado y que las sopa fuera lo más nutritiva posible. Cada vez que se bañaban eran llevados a una balanza y su peso era escrupulosamente anotado. Los funerales, que no fueron muchos, se llevaban a cabo en el cementerio católico para evitar que los cadáveres fueran quemados en el horno de la fábrica, y a los enterradores se les pagaba con un kilo extra de pan.

Cansada de contemplar cuerpos fláccidos, niños hambrientos y madres desesperadas, tomé una decisión tan necesaria como peligrosa.

## Una dama aristocrática

En las cercanías de la fábrica había un molino que pertenecía a una mujer de la aristocracia, la señora Von Daubek. Había oído que se trataba de una persona muy abierta y cordial y decidí probar suerte con ella.

Al poco tiempo de haberme encontrado con el encargado del molino para pedirle una entrevista personal con la dueña, recibí un llamado a través del cual la señora Von Daubek me invitaba a tomar el té al día siguiente en su mansión. Realmente la premura con que todo se iba sucediendo me sorprendió y traté de imaginar por anticipado los argumentos que habría de exponer para conseguir que el molino me proveyera de alimentos para los obreros. Luego de muchas cavilaciones, decidí decir la verdad: que los alimentos no alcanzaban y que no podía soportar ver cómo nuestros obreros se iban debilitando día tras día a causa del hambre.

Esa noche me llevé a la cama una taza de té de tilo, pues estaba realmente muy nerviosa y con miedo. Oskar había tenido que viajar a Cracovia y no tenía con quién compartir mi ansiedad. Solamente la imagen de los obreros famélicos me hizo caminar el sendero hasta la casa de la aristocrática molinera y, a medida que andaba, mi determinación de no volver de allí con las manos vacías era mayor. El sol brillaba esa tarde de otoño y yo apretaba un enorme ramo de flores que llevaba como regalo para mi anfitriona.

La señora Von Daubek me estaba esperando en su inmensa sala de estar. En el centro del cuarto había una mesa redonda, muy bien arreglada, cubierta con un fino mantel que, según me dijo, ella misma había bordado. El té, acompañado de varias exquisiteces, estaba servido en una finísima vajilla de porcelana Meissner, de color azul y oro, con el escudo de la familia grabado en ella.

En cuanto me vio entrar, la señora Von Daubek se puso de pie y, con paso resuelto, vino a mi encuentro. Era una mujer de algo más de cincuenta años, de aspecto señorial, vestida muy sobriamente, cuyos modales delicados ponían en evidencia una exquisita educación. Con un leve movimiento de su mano, me indicó mi lugar en la mesa y me dijo:

–Primero nos serviremos, querida señora, y luego hablaremos del motivo de su visita.

Después de que hubiéramos probado cada uno de los platos que había servido en la mesa acompañados de té con leche preparado a la manera que lo hacen los ingleses, le conté los propósitos que me habían llevado a visitarla. Mi explicación concluyó con un ruego:

–Necesito, si es posible, granos de su molino. Es urgente.

Me preguntó cuál sería el motivo por el que debería acceder a mi pedido.

–Yo solamente pretendo ayudar a nuestros judíos –respondí de inmediato– y al resto de los trabajadores para que no mueran de hambre.

La mujer me escuchaba con atención y doblaba entre sus manos la servilleta, como si ese gesto la ayudara a pensar. Luego de unos instantes, que me parecieron una eternidad, carraspeó ligeramente y me dijo:

–Comprendo perfectamente lo que me dice y me doy cuenta de que vivimos tiempos malos y difíciles, pero de algún modo quisiera colaborar. Vaya hasta el molino y hable con el encargado. Dígale de mi parte que le dé todo lo que necesite para su gente.

No bien terminó de decir esto, se puso de pie y me saludó muy cordialmente. La entrevista había llegado a su fin y de inmediato entró el ama de llaves, que me acompañó hasta la puerta.

Esa tarde volví a la fábrica con un verdadero cargamento de granos y sémola.

## *Mis primeros delitos*

De uno de sus tantos viajes a Cracovia, Oskar había traído mil botellas de vodka y un gran cajón de cigarrillos polacos con el propósito de usarlos para sobornar a los oficiales de las SS. La misma noche de mi entrevista con la señora Von Daubek, aprovechando que el soldado de guardia estaba un poco alejado, entré en el depósito y robé, acompañada de un judío polaco, de nombre Oberek, que me servía de campana, unos cuantos paquetes de cigarrillos y un par de botellas de vodka.

Otro judío, de nombre Bejski, falsificaba sellos de goma para poner en los pases y poder salir a buscar gasolina, pan, harina, telas o cigarrillos. Oskar había cambiado unos diamantes por mil kilos de pan y yo iba y venía del mercado negro negociando y comprando alimentos.

No se me escapaba el hecho de que, de ser descubierta robando en compañía de un judío, sería ejecutada sumariamente. Pero parecía que Dios, o la Fortuna, estaba de mi lado. Nada podía fallar y yo me preocupaba por no descuidar ni el mínimo detalle.

Además de las tareas de la fábrica, debía ocuparme de ciertos "servicios honoríficos", como atender a las esposas de varios de los oficiales de las SS y del ejército. De esta manera, iba de un mundo a otro, de la realidad de los judíos, que vivían en medio del hambre y la desesperación, a la realidad de estas mujeres, cuyos maridos se ocupaban de llevar la guerra por toda Europa.

En cierta oportunidad, un teniente mayor del Comando de Armamentos envió a su mujer y a su hijo con nosotros por temor a los bombardeos que estaban desatándose sobre Berlín. Los tres viajamos a Mährisch Ostrau, donde conservábamos aún nuestro antiguo departamento. Antes había viajado Viktorka, como para preparar todo para nuestra llegada.

En Mährisch Ostrau, la mujer del teniente y yo tuvimos unas cuantas discrepancias. En primer lugar, porque ella era alcohólica, y luego porque su hijo, que tendría unos doce años, era aficionado a lo ajeno y se había quedado con un par de cosas mías: una lapicera, un florerito de plata que me había regalado mi madre y algún objeto más que se me ha olvidado.

Hubo otro episodio en el que estuvo involucrado aquel precoz ladrón. Las SS habían encarcelado a una obrera polaca que trabajaba en la fábrica de Brünnlitz, acusándola de haber robado dinero de la caja. Fue tanta la fuerza con que defendió su inocencia que los alemanes siguieron indagando hasta que decidieron, como era su costumbre, acusar a una familia judía por el robo y ejecutarla sumariamente. Finalmente, se llegó a saber que el hijo del comandante Hartweg era quien se había quedado con el dinero. Así funcionaba la justicia en el mundo de los nazis...

Aquellos "servicios honoríficos" eran necesarios para garantizar mi seguridad y, sobre todo, la de mi esposo. Yo vivía en un estado de nervios permanente y, creyendo que eso iba a calmarme, fumaba un cigarrillo tras otro. No tenía una marca preferida y me las arreglaba con lo que pudiera conseguir. Recuerdo que había unos cigarrillos polacos bastante buenos, pero la mayoría más bien parecían de paja. Hace unos quince años me vi forzada a dejar el cigarrillo: el pie izquierdo se me paralizó por completo y corría el riesgo de que el proceso avanzara si no paraba con el vicio. Llegué a fumar cuarenta cigarrillos diarios. Me daba cuenta de que era dañino para mi salud, pero no podía parar. Era lo único que lograba tranquilizarme.

MEMORIAS

## *Los judíos de Goleschau*

Una noche en la que se había desatado una terrible tormenta, la temperatura había superado los treinta grados bajo cero y los rayos iluminaban nuestra habitación, sentí que golpeaban a la puerta con fuerza. Todavía dormida, me puse algo encima del camisón y corrí escaleras abajo. Oskar no había vuelto aún de uno de sus viajes a Cracovia y yo estaba sola en la casa.

Pregunté quién era y una voz masculina me respondió:

–Frau Schindler, ábrame por favor, tengo algo importante que hablar con usted.

Se trataba de la persona encargada de transportar a trabajadores judíos que provenían de Goleschau, una mina polaca en la que se trabajaba en condiciones infrahumanas. Me pedía que aceptara a los doscientos cincuenta judíos que traía hacinados en cuatro vagones. Una empresa los había solicitado y, al enterarse del inminente arribo de las tropas rusas, los habían rechazado. Si yo, por mi parte, hacía lo mismo, serían fusilados.

Debía actuar con rapidez si pretendía hacer algo por ellos. Corrí al teléfono para hablar con Oskar, le expliqué el asunto y le pedí autorización para aceptar a los judíos en nuestra fábrica. Estuvo de acuerdo. Corté, me vestí y salí en busca del ingeniero Schöneborn. Lo desperté y le dije que me acompañara hasta la enorme plataforma que servía de estación.

Nevaba copiosamente y ya empezaba a despuntar

el alba. Con largas y pesadas varas de hierro, intentamos abrir los cerrojos de los vagones, que estaban completamente cubiertos de escarcha. Como no pudimos hacerlo de esta manera, Schöneborn fue a buscar una máquina soldadora y, con paciencia, al fin logramos forzar los compartimientos.

El comandante alemán, que controlaba cada uno de nuestros movimientos flanqueado por dos perros, me llamó aparte y me dijo:

–No vaya, Frau Schindler, el espectáculo es terrible. No va a poder sacárselo nunca de la cabeza.

No le presté atención y, pese a su advertencia, me acerqué a los vagones. Lo que vi fue un panorama propio de la peor de las pesadillas. Resultaba imposible diferenciar a los hombres de las mujeres: todos estaban tan delgados... eran prácticamente esqueletos y no llegaban a pesar, en la mayoría de los casos, más de treinta kilos. Sus ojos brillaban como brasas en la oscuridad.

Ese cuadro de horror y de miseria retorna de vez en cuando a mi mente y la impotencia se apodera nuevamente de mis huesos, como si volviera a encontrarme en aquel hangar. Doce estaban muertos, el resto había logrado sobrevivir. La posición de los cadáveres parecía mostrar que habían dedicado el último momento de sus vidas a buscar una respuesta: tenían las manos juntas y los ojos muy abiertos, como si elevaran una plegaria a Dios.

Los que habían sobrevivido necesitaban ser tratados con el mayor de los cuidados. Los trasladamos a una especie de hospital de emergencia que se armó de inmediato, en el cual permanecieron por más de dos meses. Necesitaban una atención especial y ser alimentados, al principio, bocado por bocado, para que no murieran atragantados, pues hacía mucho tiempo que no sabían qué era comer.

A medida que iban siendo dados de alta, se incorporaban a la fábrica, donde tenían un lugar seguro y recibían el alimento que traíamos del molino de la señora Von Daubek y el que obteníamos de nuestras gestiones en el mercado negro. Mientras tanto, como todos los demás, esperaban en vano que la fábrica se pusiera en marcha. Como dije antes, de allí nunca salió una sola munición. Más bien la fábrica era un refugio para aquellos que habían logrado evitar los horrores de los campos de concentración.

Ya se avizoraba el final de la guerra. Los rusos estaban cerca y los rumores de su próxima entrada en Polonia eran cada vez más intensos. A la espera de la salvación o la muerte, los hombres pasaban el tiempo ajustando tuercas y vagando por la enorme fábrica. Las mujeres se dedicaban a tejer abrigos con la lana que aún quedaba de la época en que allí funcionaba la hilandería. El clima se transformaba los viernes por la noche, cuando empezaba el Cabalat Shabat. Los rezos angustiados se mezclaban, entonces, con la esperanza de los cantos.

Mientras los judíos retornaban a una forma de vida, si bien no muy normal, al menos no tan amenazante, yo seguía tratando de conseguir en Mährisch Ostrau los alimentos y medicinas que llegaban en el tren matutino, invariablemente atestado de checos, polacos e incluso alemanes que huían sin destino.

Oskar, como si no pudiese desprenderse de la antigua fábrica de enlozados, seguía en Cracovia.

## Viktorka

Al vislumbrarse ya el final de la guerra, tuve un último encuentro con mis amigos de Mährisch Ostrau. El único tema de conversación era la esperanza de volver a vernos una vez que todo hubiera pasado. La tristeza confirmaba que el adiós era inevitable.

Luego volví a despedirme de Viktorka, que se había quedado en Mährisch Ostrau a cargo de la casa. Estaba de pie junto a la ventana, con su figura pequeña y regordeta y su cabello rojo bien arreglado. Nos miramos profundamente a los ojos. Como en una película pasaban por mi mente los recuerdos de la vida en común. Se me aparecía la imagen de la feroz diligencia con que evitaba que cualquiera entrara en la cocina, su dominio privado, hasta que todo estuviera limpio y reluciente.

Una vez se me ocurrió penetrar en su reino a la hora del almuerzo y comprobé que lo único que comía Viktorka eran papas y que no tenía su ración de carne. Le pregunté qué hacía con ella y para quién la guardaba. Luego de algunas vacilaciones, me confesó que las separaba para mí, para que yo pudiera alimentarme adecuadamente. Enojada y agradecida a un mismo tiempo, le ordené que no volviera jamás a hacer algo así.

Al salir de la casa le pregunté por qué llevaba puesto su tapado. Me contestó que había decidido acompañarme en el tren, aunque más no fuera un trecho. Parecía querer aplazar el momento de la separación, dilatarlo lo más posible, hacerlo eterno... Compartiríamos ese último trayecto, ese último viaje en tren rumbo a Praga. Yo debía bajarme en Böhmisch Ostrau, un importante nudo ferroviario, para abordar la combinación de regreso a Brünnlitz.

En cuanto nos sentamos en nuestro compartimiento, nos pusimos a conversar sobre asuntos triviales, cuestiones que íbamos dejando para un próximo encuentro, que nunca habría de tener lugar.

En medio de la charla, Viktorka me interrumpió para confesarme que me quería mucho, como si fuera mi hermana mayor, y que le daba celos verme conversar tan placenteramente con mi vecina, la señora Pirschkin. Me puse a reír, aunque sentía que esas confesiones me hacían bien, sobre todo porque hablaban de un afecto sólido y permanente cuando todo estaba derrumbándose a nuestro alrededor.

Envuelto en la bruma del atardecer, el tren se detuvo en la estación Böhmisch Ostrau, donde habríamos de separarnos para siempre. Mientras caminábamos del brazo por el andén, las dos sabíamos que aquella despedida era la definitiva. Nunca más la vi a Viktorka, ni volví a saber de ella.

## *Esperando a los rusos*

Cuando las tropas rusas y americanas liberaron el territorio checoslovaco en mayo de 1945, comenzó el triste y penoso éxodo de los alemanes de los Sudetes. Eran transportados en vagones de ganado o se los obligaba a marchar a pie hasta la frontera. En ocasiones eran arrastrados hasta los campos de concentración y obligados a llevar un brazalete que los identificaba. Por lo general, se les daba apenas una hora de tiempo para empacar sus pertenencias y no se les permitía llevar más que un bulto muy pequeño. Muchos checos estaban en desacuerdo con estas medidas y trataban de ayudar, con riesgo de su propia vida, a sus amigos alemanes.

Una tarde, Oskar prendió la radio y escuchó que los rusos estaban llegando a Lemper y que la situación se agravaba día tras día. Pese a todas las pruebas en contra, mi marido creía firmemente que los rusos jamás llegarían. Yo lo escuchaba y no podía salir de mi estupor. ¿Cómo podía ser que un hombre inteligente como él no se diera cuenta de lo que estaba pasando y que permaneciera quieto y como sumido en una especie de letargo? Parecía detenido en el tiempo y sin capacidad de reacción. Recordé sus comentarios mientras recorríamos los veinticinco kilómetros desde Brünnlitz hasta Zwittau para hablar con Hilde por el tema de la liberación de las mujeres judías.

Durante todo el viaje se había mostrado muy preocupado, decía no entender ya el sentido de esa guerra que sólo había servido para matar gente. Evocaba sin cesar aquellos tiempos en los que se había podido convivir pacíficamente con los judíos, maldecía el estado de cosas que había llevado a la persecución y al exterminio de tanta gente y se mostraba absolutamente desinteresado por cualquier cosa que tuviera que ver con la fábrica, salvo el hecho de que su existencia servía para salvar algunas vidas. Oskar venía de tener entonces una serie de entrevistas en Estambul con la fundación judía Joint, empeñada en salvar la mayor cantidad de personas posible. También se había reunido en Budapest con un tal Cedlachek, que se había conectado con mi esposo a través de Bankier, el anterior dueño de la fábrica de Cracovia.

Al tomar la última curva antes de entrar en Zwittau, Oskar aumentó brutalmente la velocidad del Horch, algo que me hizo percibir que se hallaba realmente fuera de sí. Era un excelente conductor y sabía perfectamente cuándo debía aminorar o aumentar la velocidad. Pero estaba en otra realidad, que poco tenía que ver con lo que sucedía a nuestro alrededor. Simplemente se dejaba llevar por los acontecimientos.

Ahora lo veía otra vez superado por las circunstancias. Ya no era aquel hombre dotado maravillosamente con el don de la palabra, de una elegancia apolínea y dueño de un encanto que seducía a todo el mundo.

## Alemania se rinde

A la una de la madrugada del 9 de mayo de 1945, después de seis años de atronar incesantemente sobre toda Europa, las armas se llamaron a silencio. La guerra dejaba un saldo de cincuenta y cinco millones de muertos, treinta y cinco millones de heridos y tres millones de desaparecidos.

Enterados de la rendición de Alemania, los primeros en abandonar Brünnlitz fueron los oficiales de las SS. La desbandada no vino sino a confirmar un estado de ánimo generalizado que ya se palpaba claramente hacia el final de la contienda. Vivir permanentemente en pie de guerra había llevado a la mayoría del pueblo alemán a un cansancio absoluto. El entusiasmo había decaído notablemente y todo el mundo empezaba a anhelar la paz, más allá de cuáles fueran sus consecuencias. Poco a poco habían dejado de importar Hitler, los ideales nazis, la absurda ambición del Reich milenario.

Las SS se habían ocupado de eliminar a los mejores oficiales del ejército alemán, en especial después del atentado contra el cuartel general del Führer dirigido por el coronel Klaus von Stauffenberg, a mediados de 1944. La represalia consistió en la ejecución de aproximadamente cinco mil personas y la detención de los familiares de los principales acusados.

Erwin Rommel, el Zorro del Desierto, comandante del Deutsche Afrikakorps, fue cobardemente asesinado por participar del complot contra Hitler, a pesar de las versiones sobre su presunto suicidio. Lo secuestraron de su casa y lo introdujeron por la fuerza en un auto, en el que lo llevaron hasta un sitio alejado, donde lo obligaron a tomar veneno.

Por aquel entonces, corría el rumor de que el general Uhdet, eximio piloto de la Luftwaffe, había sido brutalmente asesinado por oponerse a las órdenes de los altos mandos. También me enteré, a través de un oficial de infantería de la Octava Armada que volvía de Stalingrado, de lo que el Führer había dicho por radio ante la inminente derrota del Tercer Reich: "Allí donde quede un alemán, no se vuelve atrás".

## Las palabras exactas

El día del armisticio, Oskar mandó instalar altoparlantes en la fábrica y reunió a todos los obreros, judíos y no judíos, en el gran patio central. Tras escuchar la voz de Churchill anunciando la capitulación incondicional de la Wehrmacht, firmada por el almirante Von Friedeburg y el general Jodl en el cuartel general de Eisenhower, mi esposo se subió a una alta escalera de hierro. Desde allí informó que, ante la nueva situación, la fábrica se cerraba y cada uno era libre de partir hacia donde quisiera. También habló de la inutilidad de las guerras y de los sufrimientos que acarrean a los pueblos. Aludió a las persecuciones sufridas por los judíos, a las muertes de tantos inocentes y de tantos niños, y llamó a que nos despidiéramos sin guardar rencor en nuestros corazones, agradeciendo a todos la colaboración recibida. Aconsejó a todos que trataran de encontrar la mejor manera de rehacer sus vidas y lamentó no estar en condiciones de hacer nada más por ellos.

Fueron las palabras exactas, las que había que decir en un momento como ese. Yo me sentí muy orgullosa de estar allí junto a él.

*Cuarta parte*
## DESPUÉS DE LA GUERRA

*La despedida*

Miles y miles de personas huían hacia el Oeste temiendo la llegada del Ejército Rojo. Otras clamaban por sus seres queridos entre los despojos de la guerra. Los sobrevivientes de los campos de concentración de Rusia, Polonia, Italia, Francia, Holanda, Bélgica y tantos otros lugares trataban de encontrar el camino de regreso a sus hogares.

Era el final, pero también el principio de algo nuevo. El mundo había cambiado hasta volverse irreconocible. Los hombres habían logrado la libertad, pero seguían enfrentados al miedo, la desesperación y el hambre.

Así estábamos nosotros en Brünnlitz: a nuestras espaldas los rusos, adelante los checos. Oskar acababa de llegar de Cracovia y parecía no darse cuenta de lo que estaba ocurriendo. En lugar de ponerse en movimiento, dilataba la decisión de marcharnos conversando y bebiendo cognac con un viejo amigo de la infancia, que luego fue capturado por los rusos y llevado a un lugar en Siberia.

Cuando resolví por mi cuenta apurar nuestra partida, se dirigió lentamente al cuarto y comenzó a empacar con la parsimonia de alguien que se dispone a emprender un largo viaje de placer. Su actitud me provocó entonces una enorme irritación, creo que hoy sería más comprensiva.

Por supuesto, no había en Brünnlitz medio alguno de transporte: ni tren ni camiones ni ómnibus. Tampoco teníamos una fortuna en brillantes, como se dijo alguna vez.

Coloqué apresuradamente todos nuestros documentos y papeles en una cartera de cuero negro que no había tenido hasta entonces ocasión de usar. Allí estaban, apretados y atados con una cinta, los documentos, las partidas de nacimiento y la libreta de casamiento, algunas fotos entrañables de mi ciudad natal, de mi niñez, de mis padres, imágenes que hablaban de mi pasado, y el pasaporte genealógico que contenía toda la historia de la familia Pelzl. Todo habría de perderse en las peripecias de la huida...

Con paso rápido y seguro, salimos al patio de la fábrica, donde nos esperaba nuestro Horch, que tenía una extraña historia. Se trataba de un modelo más caro y lujoso que un Mercedes y había sido fabricado para el sha de Persia. La guerra había impedido que se lo enviaran y, como mi esposo era un apasionado de los autos veloces y costosos, no pudo resistir a la tentación de comprarlo en cuanto lo vio. Su color original era azul cielo, pero luego fue pintado de gris.

Era tal el caos, el temor con el que huíamos de la llegada de los rusos que, al ver el auto, todo el mundo pretendía ocupar un lugar en él. Pero no había espacio para nadie, pues era un coche para dos personas. En el techo y en los costados viajaron unos diez soldados alemanes que pudieron evitar así las dificultades de una larga marcha. Pero al llegar a Deutschbrod, tuvieron que bajarse porque era el lugar donde estaban acantonadas las tropas rusas y las milicias civiles de los checos. A lo largo del camino, se repetían las terribles escenas de gente tratando de huir, rodeada por el dantesco espectáculo de los tanques alemanes que estallaban en la soledad del campo, en medio de enormes llamaradas.

Nos despedimos de los obreros que se habían reunido en pleno en el lugar. Allí estaban todos, visiblemente emocionados, junto a los mineros de Goleschau, para darnos su último adiós. Nunca podré olvidar la expresión de sus rostros, en los que se mezclaban la tristeza, el agradecimiento y la esperanza. Tampoco olvidaré jamás el gesto de entregarnos una especie de pergamino, fabricado con las tiras de papel que pudieron encontrar y firmado por casi todos, donde se contaba lo que habíamos hecho por ellos. Aquel documento, sin embargo, no nos hubiera servido demasiado ante los rusos o los checos, que buscaban a Oskar por sus actividades en el Servicio de Contraespionaje.

Luego de informarle a nuestros amigos sobre cuál sería el rumbo que pensábamos tomar, subimos al auto y, con un pequeño tímido ademán de despedida, que era mucho más significativo que cualquier cosa que pudiéramos decir, nos alejamos lentamente del lugar. Un camión sin frenos, conducido por Ryziard Rechen, uno de los obreros más destacados, nos seguía a distancia prudencial con siete personas montadas en la caja trasera. La primera intención de mi esposo era llegar hasta Pilsen pero, dado que se había olvidado de llevar un mapa, nunca pudimos llegar hasta allí. Cuando ya hacía un rato largo que viajábamos, Oskar frenó repentinamente el auto. Le pregunté asustada por qué lo había hecho y, señalando la guantera, me dijo que traía consigo un brillante de gran tamaño y que pretendía esconderlo en el asiento derecho. Me ordenó que bajara y le obedecí sin decir palabra. No conseguía salir de mi sorpresa.

## Sin rumbo

El viaje fue largo, muy largo. Atravesamos pueblos y ciudades donde las imágenes de la desesperación y la fuga se repetían sin diferencias. La desolación era absoluta y todo parecía resignado a una destrucción eterna. A un costado del camino, recuerdo que vimos a un general alemán, abandonado por sus hombres junto a un auto desbarrancado, que se desgañitaba pidiendo ayuda sin que nadie se detuviera.

Sólo los árboles seguían en pie en esas tierras arrasadas, obstinándose en medio de la desolación. Sus ramas dirigidas al cielo parecían acompañar las súplicas de los hombres y mujeres que dejaban sus hogares, tal vez para siempre. Nuestros amigos del camión seguramente compartían la misma tristeza, pero al fin habían quedado libres. ¿Qué sería, en cambio, de Oskar y de mí, si caíamos en manos de los rusos o de los checos?

No podía dejar de pensar en nuestro destino, mientras el cansancio me ganaba y oscurecía aun más mis reflexiones. A la mañana siguiente, llegamos a Deutschbrod, todavía en Checoslovaquia. Fue enorme la sorpresa de ver que los rusos nos habían ganado de mano. Parecían estar esperándonos con sus tanques, sus armas y una mueca de orgullo pintada en el rostro.

Habían vencido a los nazis, con lo cual podríamos considerarnos sus amigos, pero nosotros éramos alemanes para los checos y los rusos, pues veníamos de los Sudetes, y aún faltaba ver cuál habría de ser su reacción al vernos. Un soldado ruso hizo señas de que nos detuviéramos y, luego de observarnos y de revisar el auto minuciosamente, exclamó:

–*Davai chaci, davai chaci.*

Nos estaba pidiendo los relojes. Se los entregamos sin pronunciar palabra ni intentar resistencia alguna. El hombre los agarró, los contempló y nos hizo señas de que siguiéramos. El camión con los judíos seguía detrás de nosotros.

Un par de kilómetros más adelante volvieron a detenernos, pero esta vez nos exigían que les entregáramos el auto. *Motoren, motoren,* decían una y otra vez. Al bajar, dirigí la vista atrás y noté que el camión con nuestros amigos había desaparecido. Asustada, no me di cuenta de que en el auto quedaba nuestra única posesión de valor: el brillante escondido en el asiento derecho. Sólo atiné a llevarme la cartera de cuero negro.

El panorama era caótico: gente que hablaba diferentes idiomas, sin saber adónde ir, vagando en absoluto desorden. Yo trataba de decirme, una y otra vez, que no debía perder el control, mientras Oskar parecía estar sumido en un sueño, el mismo estado de shock que lo había llevado a intentar huir a través de un territorio desconocido sin la ayuda de un mapa.

## *Los otros Schindler*

Luego de atravesar la zona donde estaban apostados los tanques, nos encontramos con Annelie, que había sido amante de Oskar cuando ambos trabajaban en el Servicio de Contraespionaje. Junto a ella aguardaba de pie, a la vera del camino, una pareja de aspecto desamparado. El hombre era un herido de guerra y estaba acompañado por su esposa, una mujer pequeña y delicada. Curiosamente tenían nuestro mismo apellido, Schindler. La mujer llevaba en la cartera una pistola Luger, igual a la que yo había tenido en Mährisch Ostrau, y temí lo que podía llegar a ocurrirnos si los rusos llegaban a descubrirla.

De pronto, oí una voz que pronunciaba mi nombre a mis espaldas. Con la rapidez de un rayo, giré sobre mis talones y vi a una muchacha de origen ruso que había trabajado como cocinera en la fábrica de Brünnlitz.

—¡Frau Schindler! —exclamó al reconocerme, con voz desesperada—. ¿Qué hace aquí? No olvido lo buena que fue siempre conmigo. Me gustaría poder ayudarla. Trataré de arreglar con los rusos para que usted y su esposo puedan pasar la noche en un camión sin que los molesten. Tenga confianza en mí.

Los relatos de las tropelías de los rusos con la población civil hacían temer lo peor. No había mujer, cualquiera fuera su edad y su aspecto, que quedara a salvo de las violaciones de los soldados. Lo mismo hacían los checos.

Tal como prometió la cocinera, dormimos el camión. Oskar encontró rápidamente compañía en un soldado ruso, con el que se dedicó a vaciar una botella de vodka. Borrachos, pasaron gran parte de la noche al grito de "¡Viva Stalin!". Por supuesto, mi esposo no era comunista ni nada que se le parezca. Simplemente fingía, como había hecho antes con los nazis, estar de acuerdo con las consignas del momento.

A la mañana siguiente, un hombre muy bien vestido se acercó a nosotros y nos dijo que la situación se estaba poniendo cada vez más peligrosa. Si poseíamos algún objeto de valor, él nos ofrecía cordialmente su casa para que lo ocultáramos. Podríamos ir a buscarlo cuando todo se calmara. Evidentemente, se trataba de alguien que buscaba sacar provecho de toda aquella confusión. Con amabilidad, le respondimos que no era necesario. Ya no nos quedaba nada.

Pasaron unos minutos y llegó un grupo de soldados checos que pretendía entregarnos a los rusos. Nos resistimos y conseguimos ser enviados a la Cruz Roja. Una vez en la tienda de campaña, se nos solicitó requisar nuestras carteras para poder constatar si éramos efectivamente neutrales. En cuanto abrieron la cartera de la otra señora Schindler, se encontraron con la Luger. Los checos resolvieron ejecutarla de inmediato. El esposo gemía desesperado: "No la maten, por favor no la maten". Pero los soldados no prestaban atención a sus súplicas y estaban completamente decididos a ajusticiar a la pobre mujer.

Se la llevaron a la rastra. Luego se oyó un disparo

y vimos caer el cuerpo de mi doble bañado en sangre. La guerra había terminado, pero el paisaje seguía tiñéndose de espanto. La muerte acechaba en todas partes, a un lado y al otro de la victoria o la derrota. Cincuenta años después, aquella escena continúa atormentándome.

## *Perdido en el agua*

Tras aquel episodio, comencé a pensar en lo que había en mi cartera y la apreté fuertemente contra mi pecho con manos temblorosas. Allí estaban nuestros documentos y los de Amelia. Si los checos llegaban a descubrirlos, no tardarían en ejecutarnos. Debía actuar con la mayor rapidez. Me di vuelta y vi un gran canal que pasaba casi a nuestros pies. Totalmente decidida, me acerqué a la orilla y, luego de mirar a derecha e izquierda, arrojé con fuerza la cartera al agua.

Aunque fuimos aceptados sin mayores problemas en la Cruz Roja, nos sentíamos completamente abandonados. De pronto, Dios se apiadó de nosotros y, como por milagro, un soldado checo se acercó para decirme:

–¿Busca a sus amigos? Creo que se encuentran durmiendo en esa habitación.

Los judíos que nos habían acompañado en el camión no estaban muy lejos de donde nos encontrábamos nosotros y ya habían contado a las autoridades de la Cruz Roja lo que habíamos hecho por ellos.

# MEMORIAS

Cuando yo me disponía a salir de la tienda, los gritos de mi marido me hicieron retroceder. Estaba parado junto a Annelie, al lado de una ambulancia, y vociferaba como si los demonios se hubieran apoderado de él: "Me van a fusilar, me van a fusilar", repetía en forma desesperada. Yo no entendía absolutamente nada. Cuando pude preguntarle qué había pasado, me contó que había oído a un grupo de soldados rusos decir que buscaban a un tal Schindler, de Mährisch Ostrau, que había pertenecido al Servicio de Contraespionaje.

Mientras yo trataba de calmar a Oskar, un hombre bien vestido me preguntó de dónde veníamos. Le dije que de los Sudetes. Me aconsejó que no lo repitiera, si pretendíamos seguir con vida. Debíamos esforzarnos por no hablar en alemán en presencia de extraños.

Cuando al fin reencontramos a nuestros amigos, de los ocho que habían salido de Brünnlitz quedaban solamente siete. Una muchacha de dieciocho años que viajaba en el camión había desaparecido sin dejar rastros. Aparentemente había caído en manos de los rusos. Más tarde me llegó la versión de que había sido vista en Praga, embarazada de varios meses, seguramente como consecuencia de las sucesivas violaciones a las que la sometieron los soldados.

## *El hotel de Dios*

Dos días después, los miembros de la Cruz Roja nos condujeron a un hotel que antiguamente había servido de alojamiento a los viajantes de comercio que llegaban a Deutschbrod. De aquella gran posada sólo quedaba en pie un ala que estaba bastante destruida. Traude, Annelie y yo ocupamos una habitación junto con otras mujeres. Los hombres debieron pernoctar en un gran salón, cubierto de polvo y escombros, que tenía el aspecto de haber sido alguna vez el comedor del hotel.

Al entrar en el cuarto, observé que había una silla tambaleante, una pequeña cama, un viejo ropero de madera oscura, una mesa redonda del mismo color y, sobre ella, un viejo libro con tapas rojas de cuero, que resultó ser una Biblia. ¿Qué haría allí ese libro? Abrí al azar en una parte del Viejo Testamento y di con un fragmento del Libro de Jeremías:

*¿Quién tendrá compasión de ti, oh Jerusalem? ¿O quién se entristecerá por tu causa? ¿O quién ha de venir a preguntar por tu paz? Sus viudas se me multiplicaron más que la arena del mar; sobre la ciudad hice que de repente cayesen terrores. ¡Ay de mí, madre mía, que me has engendrado hombre de contienda y hombre de discordia sobre toda la tierra!*

Dios contesta así a las palabras terribles del profeta:

*Y librarte he de la mano de los malvados y te redimiré de la mano de los fuertes.*

De pronto renació mi esperanza. Había encontrado un mensaje entre tanta desolación. Empezaba a caer el crepúsculo y una extraña luz iluminaba mi corazón, hasta ese momento resignadamente oscuro de tristeza ante la sensación de que todos los caminos se cerraban, impidiéndonos para siempre salir de allí.

Permanecimos en la posada tres días y tres noches. Oskar no podía salir por expresa orden de las autoridades de la Cruz Roja. Finalmente, nos llevaron a la estación, desde donde habríamos de partir en dirección al Frente Occidental. El sitio estaba absolutamente derruido, al igual que todos los edificios de Deutschbrod, y de la construcción principal no quedaba más que una pared con una pequeña ventana, a través de la cual únicamente se veía el vacío.

Ya no teníamos puntos de referencia, no importaba mucho adónde íbamos. Pero Rizyard Rechen, uno de los judíos que nos había acompañado en el camión, quería dirigirse a Suiza, pues tenía parientes en ese país. Y decidimos acoplarnos a él.

## *En marcha*

La vieja locomotora se detuvo lenta y trabajosamente entre las ruinas de la estación. Subimos en medio de la noche y buscamos un lugar donde sentarnos. El tren no era muy largo, llevaba sólo unos pocos vagones y todos los vidrios de las ventanillas se hallaban rotos. De pronto, se oyó en el silencio el silbato del guarda y la locomotora, chirriando sobre los rieles, empezó a poner el tren en movimiento.

Lejos iban quedando Deutschbrod, el viejo hotel en ruinas, la estación desmantelada, el canal que había tragado nuestra identidad en sus aguas... Todavía resonaba en mí aquel pasaje de la Biblia. La ciudad a nuestras espaldas se hacía cada vez más pequeña y, a medida que avanzábamos en la noche, toda nuestra vida parecía desvanecerse...

Entre el alivio de dejar atrás la tensión vivida en los últimos días y el traqueteo del tren, todos comenzaron a quedarse dormidos. Yo los observaba, tratando de imaginarme lo que soñaban. Delante de mí iba Oskar, a mi lado Traude, frente a ella Oberek y más atrás, Rizyard Rechen. El sueño de los otros me trasmitía una sensación de placidez. Pero aquella sensación, más que de sus almas, provenía de los cuerpos que, por primera vez en mucho tiempo, habían encontrado un descanso reparador.

Oskar, medio dormido, se incorporó repentinamente y tiró con todas sus fuerzas del freno de mano. Las ruedas chirriaron con un ruido ensordecedor y el tren, después de arrastrarse unos metros, detuvo su marcha. Por el pasillo, aún a oscuras, apareció uno de los guardas refregándose los ojos y preguntó con voz aguda qué había sucedido y quién era el responsable de haber parado el tren. Uno de los judíos alegó que todos estábamos dormidos. El guarda, sin terminar de entender lo que había pasado, comenzó a explicarnos el funcionamiento correcto del freno de mano. Una vez terminada aquella clase nocturna, nos deseó muy buenas noches y se retiró. La típica actitud de un burócrata alemán...

En cuanto se retiró, encaré a Oskar y le pregunté enojada qué era lo que suponía que estaba haciendo. Con una mezcla de arrepentimiento y humildad poco habituales en él, me contó que había tenido una terrible pesadilla. Soñaba que el tren se deslizaba a gran velocidad por una pendiente que tenía un precipicio a ambos lados y que había conseguido detenerlo con el freno de mano, salvando así su vida y la de los demás pasajeros.

Tras unas cuantas horas de viaje, arribamos al lugar de trasbordo, donde nos pasaríamos a un tren que nos llevaría a Pilsen. Era una estación tan destruida como la que habíamos abandonado en Deutschbrod. Lo único que había quedado en pie era una enorme plataforma agrietada.

Temblando de frío, pues aún llevábamos nuestras ropas de verano y un calzado abierto, nos tocó esperar durante toda la noche en aquel desolado lugar. Dormimos en uno de los vagones en los que habíamos viajado, mientras crecían los rumores de la llegada de los rusos, que marchaban victoriosos hacia Berlín.

De pronto, el vagón donde dormíamos se puso en movimiento y, tras un breve viaje, llegamos a una nueva estación. El paisaje que apareció ante nuestros ojos resultaba increíble. Todo el andén estaba cubierto por una alfombra blanca, espesa y volátil. Cuando quisimos averiguar de qué se trataba, el guarda nos explicó que los rusos habían encontrado allí un tren de carga repleto de edredones. Tratando de buscar vaya uno a saber qué, los soldados los habían destrozado con sus bayonetas y cuchillos, cubriendo así la plataforma con las plumas de ganso con las que estaban rellenos. En medio de la desolación y la miseria, la historia nos produjo más de una carcajada.

Por fin llegó el momento de abordar el tren que nos llevaría a Pilsen. Poco antes de llegar a esa ciudad, mundialmente famosa por su cerveza, el tren se detuvo y, en medio de nuestro estupor, apareció un guarda y nos informó que el maquinista había recibido órdenes de dejar los vagones abandonados por unas horas y seguir viaje a Pilsen sólo con la locomotora. Agregó que, si en algo estimábamos nuestras vidas, nos convenía quedarnos acostados en el piso del vagón, porque era muy posible que los soldados comenzaran a disparar en cualquier momento.

Esperamos, incómodos, muertos de hambre y de frío, hasta las cinco de la madrugada, cuando escuchamos los ruidos de la locomotora volviendo a enganchar los vagones. Lentamente me fui incorporando y traté de observar por la ventanilla lo que ocurría. Una voz masculina me sobresaltó:

–¡Bajen, bajen todos!

## El refugio

Una vez en el andén, se nos acercaron dos jóvenes uniformados que nos recibieron hablando en inglés. Dios seguía apiadándose de nosotros, habíamos conseguido llegar al Frente Occidental...

Los soldados norteamericanos nos indicaron que subiéramos a un ómnibus, mientras repetían constantemente: *They are jew...* Nos condujeron a un pequeño pueblo, donde se hallaban apostadas varias hileras de tanques. Por fortuna, dos de los judíos que iban con nosotros hablaban inglés y pudieron comunicarse con el comandante del campo.

Mientras esperábamos que regresaran de su reunión con los norteamericanos, no nos quedaba más remedio que permanecer junto al ómnibus. No probamos bocado hasta las cinco de la tarde, cuando los judíos volvieron con el comandante. En tanto, como para hacer aún más difícil la espera, debimos contentarnos con contemplar cómo comían los soldados yanquis.

–Sean ustedes bienvenidos –dijo el comandante de campo, al aproximarse–. Estoy realmente contento de recibir al primer contingente de judíos.

Oskar y yo, por casualidad, habíamos quedado incluidos en el grupo y, felizmente, nadie se ocupó de desmentir las palabras del oficial norteamericano. El comandante, un hombre joven y de aspecto agradable, dijo llamarse Klein y ser también judío... ¡Todos lo éramos!

En uno de mis últimos viajes a los Estados Unidos, volví a encontrarme con el comandante Klein. A pesar del paso del tiempo, seguía manteniendo en su mirada ese brillo especial que nos trasmitió la sensación de estar al fin en casa. Entonces volvió a darme la bienvenida, como aquella vez: "No la he olvidado, señora Schindler".

Klein nos condujo al Comando General, donde nos permitieron lavarnos y nos dieron algo de comer. Jamás olvidaré el sabor de aquella excelente sopa, el primer alimento que probábamos después de tres días. Antes debimos agenciarnos de unas latas de conserva vacías, enjuagarlas y usarlas como recipientes. Una vez que comimos y descansamos un poco, los norteamericanos nos preguntaron adónde queríamos ir. La respuesta llegó casi al unísono: "A Suiza".

Entonces, en el mismo tono amable con el que nos habían tratado, pusieron a nuestra disposición un pequeño ómnibus y una serie de pases que nos permitirían cargar combustible durante el camino. Después de despedirnos de todos, emprendimos viaje hacia Suiza, país neutral durante la guerra, con la esperanza de comenzar una nueva vida, pero con el corazón aún temeroso de que no se tratara sino de un paso más en nuestra huida interminable. Entrar en un país extranjero siendo alemanes suponía un gran riesgo, pero no teníamos otra alternativa que correrlo.

Llegamos a un pueblito, donde tomamos un tren que nos condujo a la ciudad de Konstanz, en Suiza. Yo observaba por la ventanilla las hermosas y altas cúspides que se erigían en el horizonte. Los campos sembrados maravillaban mis ojos con sus variados y múltiples colores. Volvía a sentir que el aire de la libertad recorría mi piel. La guerra había terminado y no se trataba de una ilusión.

En Konstanz, después de apearnos del tren, fuimos conducidos a un hotel, donde nos esperaba el almuerzo. Por segunda vez en tantos días, podíamos saciar el hambre. Sobre una enorme mesa habían dispuesto varios platos con albóndigas de papa y ensalada verde. Enormes jarras contenían café o té para acompañar la abundante comida.

Recuperadas las fuerzas, Oskar decidió que ya era momento de iniciar algún contacto que nos permitiera mejorar nuestra situación. Una semana más tarde, se dirigió a la zona americana en Baviera, para ponerse al tanto de lo que nos esperaba en el futuro y saber qué rumbo habríamos de tomar. A lo largo de ese tiempo, los judíos del grupo fueron partiendo con diferentes destinos, a medida que conseguían sus permisos de residencia. Unos se marchaban a Sudamérica, otros a Estados Unidos o Australia, los lugares que aceptaban con mayor facilidad a los refugiados.

En Suiza quedamos sólo nosotros cuatro: Oskar, su sobrina Traude, Annelie y yo.

## *Ratisbona*

Tres meses más tarde, en octubre de 1945, Oskar regresó de Munich orgulloso, blandiendo en su mano los pases para el sector americano. Le había costado un gran despliegue de energía y paciencia conseguirlos, pues los trámites no eran para nada fáciles. En Munich se había contactado con la administración americana por medio del Consejo Judío.

Volvíamos a estar en una estación, esta vez a la espera del tren que nos llevaría a Ulm. El viaje fue un desastre. Los vagones estaban totalmente desvencijados y los vidrios de las ventanillas y las puertas, rotos. Comenzaba el otoño y seguíamos con nuestras vestimentas de verano como único atuendo. El frío nos calaba los huesos.

En Ulm debíamos cambiar de tren. Nuestra vida parecía haberse transformado en una interminable espera en estaciones desoladas y destruidas. A nuestras espaldas se erigía, medio en ruinas, la antigua y famosa catedral de Ulm. Era lo único que quedaba más o menos en pie de lo que alguna vez había sido una hermosa ciudad. El mismo panorama desolador se repetiría en Munich, donde pasamos la noche en casa de unos conocidos.

Por intermedio de la Joint, la organización judía que había participado en la confección de la lista, se nos adjudicó un departamento en Ratisbona, ciudad que se encontraba bajo la administración norteamericana. Se trataba de una vivienda bastante grande, con cinco habitaciones, una hermosa cocina y un baño enorme, algo que excedía ampliamente nuestras necesidades y pretensiones. La Joint nos hacía llegar una vez por mes un paquete con provisiones que abríamos con dedos apurados y temblorosos para ver lo que contenían: harina, cigarrillos, café, té, azúcar... Esos productos valían oro hacia finales de 1945. El mercado negro estaba a la orden del día y yo cambiaba lo que podía en las calles.

La vida en Ratisbona, a la que los alemanes llaman Regensburg, no resultaba nada fácil. Los nativos de la ciudad no miraban con buenos ojos que extranjeros como nosotros dispusieran de los alimentos que ellos muchas veces no podían conseguir. Nos trataban mal y nos hacían sentir la condición de extraños. Una reacción en parte comprensible si se piensa que quienes han tenido que sufrir seis años de guerra no están con deseos de compartir nada y menos con alemanes de segunda como nosotros, que proveníamos de los Sudetes. Claro que no había demasiado para compartir, pero lo que parecía preocuparles más era tener que convivir con seres a los que consideraban inferiores.

Una vez que salimos de paseo con Annelie, desde una ventana nos tiraron un balde con un líquido apestoso, que prefiero no imaginar de qué se trataba. Lo interpreté como una mezcla de injuria y purificación: había que lavar a esos "salvajes", que no eran del todo arios.

Un clérigo alemán se ocupaba de hacernos ver que no éramos bienvenidos en "su" ciudad. Hasta llegó a tapiar la puerta de un baño en cuanto se enteró de que lo usábamos. En un campo cercano a nuestra casa, una familia horneaba pan, cuyo aroma fresco y cálido nos abría el apetito. Pero cuando tratábamos de comprarlo o de cambiarlo por alguna otra cosa, nos decían, sin prestar ninguna atención al valor de nuestro dinero o a nuestras mercancías, que el pan horneado era para consumo exclusivo de los alemanes.

La situación me irritaba. En cierto momento se me ocurrió comprar uvas para revenderlas en el mercado negro. Así obtendríamos algo de dinero para adquirir lo que necesitábamos en un almacén propiedad de una familia judía. Enterados de nuestra historia, eran los únicos que accedían a negociar con nosotros.

Annelie y yo tomamos un tren atestado de gente en dirección a la zona de viñedos, que no estaba demasiado alejada de Ratisbona. Luego de caminar un buen trecho llegamos hasta las vides. El aspecto de las uvas y el verdor de las parras era realmente tentador. Buscamos al propietario, que estaba atareado ordenando el lugar. Lo saludamos y le preguntamos si podía vendernos dos bolsas grandes de uvas. Su respuesta inmediata fue que sólo saldrían de allí en forma de vino. De adentro se oyó una voz de mujer que dijo:

–Hans, si no son alemanas, tampoco les vendas vino.

La indignación me hizo quedarme en silencio. Deambulamos con Annelie por el lugar hasta que cayó la noche. Volvimos a pasar por el viñedo donde habíamos sido tratadas tan miserablemente y una idea se apoderó de mi mente. Si no nos vendían las uvas, habríamos de robarlas. Empezamos a cortar los racimos hasta llenar dos bolsas que habíamos llevado con nosotras.

Tuvimos que esperar en la estación casi toda la noche hasta que pasara el tren. Entre ese tiempo y el que llevó el viaje, muchas de las uvas se convirtieron en pasas y sólo pudimos vender la mitad de nuestra cosecha. A partir de entonces decidimos cambiar las uvas por manzanas o peras. Pero parecía que siempre tendría que ser yo la que se ocupara de las cosas prácticas. Tuve que internarme en el hospital de Ratisbona por mis dolores de siempre y tanto Traude como Annelie, que habían ido a cuidarme con unas bolsas de manzanas, se quedaron dormidas y les robaron todo.

El único patrimonio seguro eran los entonces famosos "Care Pakete", que debían su nombre a una organización fundada en Berlín por la administración americana y llamada "Cooperative for American Remittances to Europe". Recibíamos una vez por mes la anhelada caja que solía contener café, té, azúcar, chocolate, polvo de huevos o leche en polvo. Algunos de estos productos iban a parar al mercado negro, donde yo los usaba para obtener a cambio alguna cosa más sólida.

## El hijo perdido

Al inicio de nuestra vida en Ratisbona, parecía que todo volvía a empezar y que la felicidad retornaba a nuestro matrimonio. Las primeras noches que pasamos juntos, Oskar volvió a ser el amante ardiente y preocupado por el placer de su compañera del comienzo. Llegué a pensar que, después de todo lo que habíamos compartido durante la guerra, era posible pensar en el futuro.

Una noche, mientras estábamos en el cine viendo una película romántica, comencé a sentir un terrible dolor en el bajo vientre. Al principio traté de no prestarle atención, pero se volvía cada vez más insoportable y la fiebre me devoraba. Fuimos corriendo al hospital de la ciudad y los médicos decidieron internarme de inmediato.

Al día siguiente me operaron. Tenía una criatura muerta en mis entrañas. Como consecuencia de aquella intervención, ya no pude volver a pensar en tener hijos.

Aún bajo los efectos del dolor y la anestesia, abrí los ojos y contemplé la sonriente figura de Oskar. Para mi sorpresa, no estaba solo. Lo acompañaba Gisa, su amante, a quien más tarde arrastraría consigo a la Argentina. En ese estado no podía comprender muy bien lo que ocurría, pero sentí que una gran desilusión se apoderaba de cada parte de mi cuerpo.

Me puse a llorar, desconsoladamente. A medida que me iba dando cuenta de la situación, me reprochaba haber albergado la esperanza de que Oskar pudiera cambiar alguna vez. Recordé en ese momento el rumor que circulaba en Brünnlitz sobre dos supuestos hijos de Oskar, resultado de sus affaires con una mujer hija de un policía de Zwitttau.

Acabo de enterarme de que el varón vive actualmente en Australia. Su madre lo maltrataba mucho y no era muy normal. Solía deambular, librado a sus fuerzas y sus extravíos, por las calles del pueblo.

## Ultima imagen de Franz

A finales de 1945, mientras paseaba por Ratisbona, me encontré con mi hermano. Según el testamento de mis padres, el campo y la casa de Alt Moletein pertenecían a Franz, pero la guerra lo había obligado a abandonarlos. Supe por él que ya no poseíamos nada, sólo el recuerdo de lo que habíamos sido y tenido alguna vez.

Se lo veía muy enfermo y Annelie se ocupó de él. Ella lo cuidó y lo atendió personalmente, pues mi estado de salud me impedía hacer mucho por él. Arrastraba desde Brünnlitz una afección a los pulmones que me obligaba a constantes y dolorosas punciones.

Oskar quiso ayudar a mi hermano consiguiéndole un trabajo en el campo, que era a lo que estaba acostumbrado. Franz replicó que ya estaba cansado de las tareas rurales y que alguien le había ofrecido un puesto de cuidador de calles. Era más que evidente que quería cambiar de vida. Se había convertido en una persona hosca y quejosa, con la que era casi imposible sostener una conversación prolongada. Mi esposo insistió, pero no pudo convencerlo de que volviera al campo.

No bien se restableció, Franz se fue a vivir por un tiempo con mi cuñada Ely, la hermana de Oskar, y pronto le perdimos el rastro.

Mi esposo fue el último en verlo. Vivíamos en Nürenbergstrasse 24, al lado este del Danubio y, para pasar a la otra margen, había que tomar un pequeño bote, pues el puente corría el riesgo de derrumbarse por los daños que le habían ocasionado los bombardeos. Había otros puentes transitables, pero quedaban muy alejados. Oskar lo reconoció una mañana al cruzar en bote. Franz lavaba sus ropas en la orilla. Poco tiempo después desaparecería de la casa de mi cuñada. Nunca supimos más de él.

## *Dinero y amor*

La situación empezó a mejorar en 1947, con el anuncio del llamado Plan Marshall. Enterado de esto, Oskar partió una vez más a Munich para conectarse con gente que nos pudiera ayudar a rehacer nuestra vida.

En Munich vivían los Rossner, una familia judía hoy instalada en los Estados Unidos. Ellos volvieron a contactar a mi esposo con la Joint, que entregó a Oskar unos quince mil dólares como un gesto de reconocimiento por lo que había hecho por los judíos durante la guerra.

Pero a Oskar los avatares de la guerra no lo volvieron más austero: se gastó el dinero en pequeños gustos y en objetos que no necesitábamos en absoluto. Yo jamás vi un centavo de todo lo que recibió. Es más, sólo me enteré del dinero de la Joint mucho tiempo después... Y también mucho después de que gran parte de esa suma Oskar se la gastara con una de sus amigas en unas reparadoras vacaciones en la montaña, mientras mi sobrina Traude y yo hacíamos malabares para conseguir comida en el mercado negro.

No había caso, era inútil esperar cambios en Oskar. Era más fuerte que él. Pese a las circunstancias difíciles, seguía respondiendo a sus caprichos como un niño y, para tomar decisiones importantes, se aferraba desesperadamente a mí. Yo era su refugio en los momentos de tormenta.

Muchas veces había considerado la posibilidad de dejarlo, de comenzar una vida sin él, sin sus mentiras, sin sus constantes engaños y sus repetidos y falsos arrepentimientos. Pero mis ideas religiosas, mi creencia en Dios y en las enseñanzas de la Iglesia, me disuadieron de hacerlo.

Además, lo había perdido todo: hogar, patria, familia... Mis padres estaban muertos y mi hermano, a quien había visto por última vez en 1946, había seguido su propio camino. No tenía más alternativa que adaptarme, apretando los labios y cerrando los ojos ante la desaprensión y la indiferencia de Oskar. Derramé muchas y amargas lágrimas por él, pero me fui endureciendo con el tiempo. Dejé de llorar y me sumergí en el trabajo.

Emilie, la mujer, la amante, empezaba a desaparecer a un ritmo triste y lento. Los sentimientos de amor hacia mi esposo se fueron borrando, mientras me convertía en una persona exteriormente seca y distante. Sin embargo, soy como los Sabras, los nativos de Israel: por fuera se muestran duros e insensibles, en tanto que por dentro son dulces y cándidos, al igual que los frutos de los cactus que pueblan los desiertos en que habitan.

MEMORIAS

## *Camino a América*

Permanecimos en Ratisbona cinco largos años, abandonados a nuestro destino en medio del caos de la posguerra. En 1949, nuestras vidas habrían de cambiar radicalmente. Oskar, después de una prolongada estadía en Munich, volvió con la noticia de que teníamos dos pases, proporcionados por la Joint, para viajar en el último barco que transportaba refugiados judíos a Sudamérica. En principio, nuestra idea era radicarnos en Paraguay, pero Oskar prefirió, a último momento, la Argentina, pues vivían aquí algunos conocidos suyos. La novedad no me puso demasiado contenta, por más que tenía expectativas en un lugar diferente.

No hubo que hacer demasiados preparativos, dado que nuestras pertenencias eran escasas. Nos despedimos de Traude y emprendimos viaje a Génova, el puerto de donde debía salir el barco que nos llevaría a Buenos Aires, la capital de la Argentina. El nombre de la ciudad me sonaba exótico y me despertaba una enorme curiosidad. Cuando supe lo que significaba, pensé que era el más adecuado para un sitio que se había convertido en refugio de tantos seres que huían del horror. Sin embargo, después me enteré de que a este mismo puerto arribaron, por aquellos años, muchos ex jerarcas nazis que, por medio de la organización ODESSA, habían logrado huir de su merecido castigo.

Una fría mañana de octubre nos embarcamos en un vapor de bandera suiza. Además de nosotros y un pequeño grupo de doce judíos, viajaba un contingente muy numeroso de italianos, en su mayoría provenientes del Sur, que escapaban del hambre y la falta de trabajo.

## Un viaje infernal

Veintiocho días tardamos en cruzar el Atlántico. Nos movíamos entre trastos de ropa y niños que correteaban por los pasillos del barco. Las mujeres ocupaban compartimientos separados de los hombres, pero las visitas nocturnas eran frecuentes. Durante el día, la proa era el único sitio donde se podía estar, aunque también se encontraba poblada de gente que iba de una punta a la otra para matar el tiempo.

Las medidas sanitarias eran prácticamente inexistentes. El olor que provenía de los baños se sentía de lejos. La situación empeoró cuando llegamos al punto en el que el Mediterráneo se une con el Atlántico. El barco se bamboleaba sin cesar, de un lado a otro, movido a su antojo por gigantescas olas que se estrellaban contra la cubierta. Los pasajeros, mareados por el movimiento, vomitaban en cualquier parte. Era imposible en ese ambiente comer nada. En menos de un mes de travesía, perdí casi diez kilos.

Lentamente empezaban a notarse los cambios de clima. Los días se volvían cada vez más soleados y calurosos. Habíamos salido de Génova en otoño y arribaríamos a Buenos Aires en primavera, circunstancia que me llenaba de optimismo, pese a lo tremendo del viaje. Llegar a un nuevo país cuando todo empieza a florecer, a renovarse, no podía interpretarse sino como un feliz presagio. Antes de dormirme, recostada en el duro camastro que me habían asignado, me imaginaba que todo cambiaba y mi vida volvía a empezar de manera diferente.

Pero esas felices ensoñaciones no lograban evitarme las terribles pesadillas que se iniciaban en cuanto me dormía. Soñaba que los nazis me perseguían por haber ayudado a los judíos. Al despertarme, bañada en sudor, me preguntaba cuánto tiempo más viviría con esa desesperación, con esa angustia y ese temor en mi espíritu.

Por fin llegó el día en que oímos por los altoparlantes: "Estimados pasajeros, mañana arribaremos al puerto de Buenos Aires, en la República Argentina". El anuncio fue pronunciado primero en italiano y luego en inglés. Aunque yo no hablaba ninguno de los dos idiomas, comprendí que el viaje llegaba a su fin. Con la visión del puerto la alegría fue absoluta. Todos nos hermanábamos en esa felicidad, los alemanes, los judíos, los italianos.

Bajé rápidamente a mi camarote y comencé a empacar las pocas cosas que llevaba conmigo. No veía el momento de enfrentarme con lo que sería mi nuevo país.

*Quinta parte*
*UN NUEVO HOGAR*

## Con buena salud

Desde la cubierta del barco, lo primero que se presentó ante mis ojos fue el perfil de la ciudad reflejado en las marrones aguas del Río de la Plata. En el cielo revoloteaba un puñado de gaviotas que parecía darnos la bienvenida. Estaba tan impresionada por el sorprendente paisaje, a la vez agitado y extrañamente inmóvil, que no pude evitar conmoverme y sentir que mi rostro se empapaba con las lágrimas que brotaban espontáneamente de mis ojos.

Desembarcamos en Buenos Aires el 3 de noviembre de 1949. Con nuestro equipaje a la rastra, debimos dirigirnos al control sanitario, donde los inmigrantes eran sometidos a una exhaustiva revisión médica. En tal sentido, las exigencias de las autoridades argentinas eran más que firmes: para entrar en el país había que gozar de un perfecto estado de salud.

Había una multitud agolpada frente al consultorio que funcionaba, provisoria y precariamente, en el edificio de la Aduana. La expresión tensa y angustiada de los rostros de todos los que esperaban delataba el temor de que cualquier enfermedad fuera motivo suficiente para que los enviaran de regreso a Europa.

Delante de nosotros había un matrimonio con tres hijos pequeños. La mujer era muy hermosa, de inmensos ojos negros y una brillante y larga cabellera azabache. Toda la familia tenía ese aire tan peculiar de los habitantes del sur de Europa. Entraron juntos y, a los quince minutos, se escuchó al marido profiriendo gritos en un idioma que yo desconocía, pero que únicamente podían significar que, por alguna razón, las autoridades argentinas no les habían concedido el permiso de residencia. Al atravesar la pequeña puerta, el hombre se dirigió desesperado a un policía y, poniéndose de rodillas, exclamó: *Pietá, pietá*.

Después de este incidente estremecedor y de que ingresara un grupo de judíos, nos llegó el turno a Oskar y a mí. Felizmente no tuvimos inconvenientes. Las autoridades revisaron una y otra vez nuestros papeles, nos miraron como si trataran de descubrir en nosotros algo que no dijeran nuestros pasaportes y se pusieron a hablar entre sí. Lo único que pude entender fue "Alemania", nombre que sonaba muy distinto a Deutschland.

Cuando terminamos nuestros trámites, nos dirigimos a un hotel de la calle Corrientes, cuya dirección nos había indicado un hombre que venía con los judíos. Allí había vivido un conocido de su familia que había logrado emigrar en 1936, antes de que comenzara la guerra.

Nos dividimos en grupos y viajamos hasta el hotel

# MEMORIAS

en tres taxis. Recuerdo que eran Mercedes Benz y eso me hizo creer por un momento que seguíamos en Alemania.

Jamás podré olvidar mis primeras sensaciones mientras recorríamos las calles de Buenos Aires, una ciudad tan nueva y distinta para mí. No hablábamos entre nosotros, simplemente mirábamos por las ventanillas del taxi: la Plaza de Mayo, con la Casa de Gobierno pintada de un indefinible color rosado y rodeada por los edificios de los ministerios, los bancos y la Catedral, donde se encuentran los restos del gran héroe nacional, el general San Martín. Enfrente de la Casa Rosada, descubrimos el edificio del Cabildo, una construcción española, de un color espléndidamente blanco, con rejas y puertas verdes, algo muy diferente de lo que estaba acostumbrada a ver. Por allí no había pasado la guerra. Todo era amplio, límpido, pacífico...

Luego cruzamos la enorme avenida con el Obelisco, símbolo de la ciudad de Buenos Aires. Todo se presentaba feliz y auspicioso, salvo el rostro de Oskar, que parecía mirar una película que no le interesara demasiado y se mostraba impaciente por llegar a alguna parte.

Muy cerca del Obelisco estaba nuestro hotel, un viejo edificio a cuya recepción se llegaba después de subir una extensa escalera. Me dio una buena impresión, no porque fuera muy lujoso o demasiado limpio. Parecía barato, pasablemente cómodo y servían una comida rica y abundante, algo que nuestros estómagos europeos extrañaban desde hacía mucho tiempo.

El conserje nos recibió con una sonrisa y palabras que parecían ser de saludo, pero que ninguno de nosotros estaba en condiciones de comprender cabalmente, de modo que las interpretamos como una bienvenida y dejamos que llevaran nuestras valijas a las habitaciones. Yo comprendí que iba a necesitar hablar castellano y me propuse aprenderlo rápidamente, tal como había hecho con el polaco y el checo.

## La quinta de San Vicente

Oskar hizo muy pronto contactos con gente de la comunidad judía en la Argentina. Le presentaron a un industrial que acababa de comprarse una quinta en la localidad de San Vicente. Cuando nos ofreció que nos ocupáramos de mantenerla, no tuvimos que pensarlo demasiado. Yo conocía las tareas del campo y volver a trabajar a cielo abierto, después de tantos años de vivir en ciudades y fábricas oscuras, era para mí una perspectiva más que interesante.

Aceptamos de inmediato y, al poco tiempo, nos instalamos en San Vicente, una pequeña ciudad a unos sesenta kilómetros de Buenos Aires, habitada por descendientes de italianos y españoles que vivían humildemente del fruto de su trabajo.

El centro de San Vicente, donde he vivido hasta hoy, no es muy importante. Todo gira en torno de la plaza principal, a cuyo alrededor se hallan el Banco de la Provincia de Buenos Aires, la Intendencia y unos pocos comercios. La antigua iglesia, con su estilo reconociblemente colonial y su color sepia, se erige dominando el paisaje del pueblo. Sus dos torres redondas me traen reminiscencias de las construcciones del sur de

Alemania. Varios árboles añosos rodean la plaza dándole un hermoso colorido, en particular durante el verano, cuando se cubren de flores.

En la época en que llegamos a San Vicente, la mayoría de las casas estaban construidas sobre terrenos dedicados al cultivo de frutales y la cría de animales de corral que se conocen con el nombre de "quintas". Perón, que por entonces era presidente, tenía una enorme residencia en San Vicente, no muy lejos de donde vivo actualmente. En aquel tiempo, las calles eran todas de tierra, por lo cual entrar y salir de las quintas, cada vez que llovía, se convertía en un serio problema.

No muy lejos del pueblo está el Aeropuerto Internacional de Ezeiza. El ruido de los aviones es una presencia constante, aunque de tanto repetirse termina por pasar inadvertida.

Nuestro trabajo en la quinta de San Vicente era la cría de aves y gallinas ponedoras. Los primeros tiempos fueron bastante difíciles: no dominaba el idioma y debía adaptarme a un país con costumbres muy diferentes de las nuestras, circunstancias a las que se sumaba un trabajo que no conocía descanso. Empezaba a lidiar con las aves a las cinco de la mañana, ya fuera verano o invierno. Controlaba todo, colocaba agua fresca en los pequeños bebederos y mezclaba los granos con maíz. Después de esto, tenía que recolectar, seleccionar y limpiar cuidadosamente los huevos y, por último, colocarlos en envases de cartón para enviarlos a la venta. Una vez al día me preparaba una comida caliente, hacía las tareas del hogar y volvía con las gallinas.

Fueron ocho años ininterrumpidos de esta rutina. No podía contar con la ayuda de Oskar, a quien parecían atraerle más las aventuras que le proponía la capital.

Un día llegó a la quinta con una de sus ideas brillantes. Debíamos (Oskar siempre usaba el plural) dedicarnos a la cría de nutrias. Traté de disuadirlo de todas las maneras posibles, pero cuando Oskar creía que sus planes podían producir dinero no había modo de hacerlo cambiar de opinión. Le expliqué, una y mil veces, que no teníamos ni la más remota idea de cómo hacer el trabajo, le anticipé que habría de aburrirse a los pocos días de empezar y que quedaría en mis manos la dura tarea del cuidado de los animales. Pero todo fue inútil, así que tuve que empezar a interiorizarme en la vida de las nutrias.

## *Las nutrias*

Al día siguiente, tomé el primer tren de la mañana con destino a Buenos Aires, para recorrer distintas librerías y munirme de conocimientos sobre las nutrias, animales a los que hasta entonces había visto más sobre los hombros de las amantes de Oskar que sobre los míos.

Luego de haber adquirido algunos libros que me recomendaron como lo mejor sobre el tema, entré en un pequeño bar de la calle Corrientes, pedí un café doble, encendí un cigarrillo y comencé a hojearlos. Descubrí que las nutrias vivían en todos los continentes, salvo en América del Sur. Los animales que le habían ofrecido a Oskar se llamaban, en realidad, coipos. Enterada de su genealogía y sus hábitos, me preparé a recibirlos. Llegaron en un camión, amontonados en grandes jaulas de metal.

Oskar me llamó en cuanto los vio entrar y, con una enorme sonrisa, me dijo:

–Emilie, mira, tienes ante tus ojos el negocio del siglo. Nos vamos a hacer millonarios. Todas las mujeres usan tapado de piel.

Asentí y pensé para mis adentros que yo seguía siendo la excepción a la regla. Además, sabía que el entusiasmo de Oskar ocultaba lo más importante: que de las nutrias o los coipos sólo habría de ocuparme yo.

Cambié gallinas por mamíferos, pero el horario de trabajo seguía siendo el mismo, de la mañana a la noche. Mi esposo estaba siempre ocupado en otros asuntos.

## Los amores de Oskar

Al caminar por la calle o cuando estaba en alguna reunión, miraba a las mujeres y me preguntaba con cuáles y con cuántas de ellas había tenido relaciones Oskar. Mi respuesta se fue simplificando con el paso del tiempo: seguramente con todas las que se lo permitían.

Lo curioso era que no se tomaba el trabajo de conquistarlas. Con esa seducción innata que lo caracterizaba, lograba que fueran las mujeres las que constantemente lo persiguieran.

No hace mucho tiempo, durante una conferencia de prensa, una periodista española me preguntó si Oskar era en realidad tan buen mozo como Liam Neelson, el actor que interpretó su personaje en *La lista de*

*Schindler.* Me sonreí, evocando para mí su figura elegante, su porte apolíneo, sus cabellos rubios, sus vivaces ojos de un azul tan intenso, aquella sonrisa que se volvía seductora sin que él se lo propusiera... Y volví a elegir a Oskar.

También regresó a mi memoria el aroma intenso y masculino de su cuerpo y tuve ganas de desmentir todo lo que se ha dicho, en la película y en los libros, sobre los perfumes que usaba, cuando en realidad sólo se echaba loción para después de afeitarse. La periodista esperaba mi respuesta, pero yo preferí dejar colgada una sonrisa y callar.

Claro que no era yo la única que se había prendado de su encanto. Oskar era consciente de que no pasaba inadvertido a las mujeres y parecía sentirse obligado a participar de estos amores de ocasión. Pero una vez que había entrado –y llegó a confesármelo en más de una oportunidad, cuando retornaba arrepentido a mis brazos– no sabía cómo salir.

Ante mis continuos reproches respondía:

–Escucha, Emilie, cada uno debe vivir de acuerdo con sus inclinaciones. Hay que vivir el día, lo demás llega sin que uno se lo proponga o lo espere.

Cada vez que escuchaba su peculiar versión del *carpe diem,* no podía más que recordar algunas características de su familia. Los rasgos menos agradables de Oskar eran herencia paterna. Su padre era un alcohólico irremediable que, en una de sus descomunales borracheras, llegó a violar a la hermana de su esposa, dejándola embarazada. De esa brutal unión nació una bella niña que murió siendo apenas una adolescente, a los catorce años.

Tampoco el trato con su hijo era muy afectuoso.

Cuando Oskar acababa de cumplir los diecisiete años, fue acusado por su padre de una estafa que no había cometido y conoció un breve período de cárcel. En su época de vendedor de seguros y ante un aprieto económico, el padre de Oskar decidió quedarse con el dinero de las cobranzas y, cuando fue interrogado por la policía, no encontró mejor solución para librarse de la prisión que echarle la culpa a su propio hijo.

La casa de Zwittau pertenecía a la madre de Oskar. Un día, el padre se apareció con una hipoteca en una mano y una enorme torta en la otra. Era su costumbre: cada vez que cometía un desliz, hacía un desastre o estaba borracho, llegaba con una torta, no se sabía si para borrar lo hecho... o para festejarlo.

Los arrepentimientos de mi esposo, de todas maneras, eran los de un hombre mejor. Sabía que estaba mal lo que hacía, que así me dañaba, pero no podía evitarlo. Oskar sufría cada vez que dejaba a una de sus amantes. Lo veía llegar con los ojos entristecidos y la mirada perdida, como si lamentara no poder ya entregarse a la mujer a la que había abandonado. A pesar de mis enojos, me parecía un niño víctima de sus propias travesuras.

Así era Oskar, un niño. Sin embargo, cuando debía relacionarse con la plana mayor de las SS, actuaba de manera resuelta y seductora.

Lo más incomprensible de sus infidelidades era que, por lo general, se mezclaba con mujeres feas y vulgares, de un nivel social bajo.

Poco antes de que se desatara la guerra, cuando Oskar trabajaba para el Servicio de Contraespionaje, tuvo que marcharse a otra ciudad y hospedarse en un hotel. No recuerdo exactamente el motivo, pero lo cierto es que debí trasladarme hasta allí a llevarle unos papeles que había olvidado en casa. Al preguntar por Oskar, el portero, que ya me conocía, me explicó:

—Es un gusto volver a verla por aquí, Frau Schindler, pero su esposo ya se fue y no lo hizo solo.

Dejando de lado toda diplomacia y cualquier clase de reparos, le pregunté con quién había salido mi esposo. El hombre titubeó y, tras unos instantes, empezó a tratar de explicarme, con grandes rodeos, que en el hotel había tenido lugar un escándalo. Oskar y su amante, en lo más fogoso del éxtasis sexual, habían roto la cama. Mi vergüenza fue mucho mayor que mi sorpresa, pues conocía muy bien los talentos amorosos de mi marido.

## *Gisa*

Lo más extraño de todo era que las infidelidades de Oskar contaban con el beneplácito y la complicidad de algunos de nuestros mejores amigos. Cuando después de la guerra pasamos por Munich, nos alojamos en casa de una familia judía que había estado con nosotros en la fábrica de Brünnlitz.

La mujer tenía una amiga a la que llamaban Gisa, sobrenombre bastante común entre los judíos. Oskar inició rápidamente una relación con ella. El affaire siguió floreciendo con la ayuda de la dueña de casa, que puso un cuarto a disposición de Oskar y Gisa para que consumaran su romance, cada vez que mi esposo se ausentaba de casa alegando que debía realizar trámites en Munich.

Lo que Oskar no me dijo cuando trajo los pasajes para viajar a América fue que Gisa vendría con nosotros. Cuando me enteré, poco antes de empacar, ya no me sentía con fuerzas para seguir con mis inútiles reproches. Por absurdo que resultase, tenía la leve esperanza de que, una vez en la Argentina, volvería a ser la única mujer de Oskar Schindler. Nada de eso ocurrió.

Por fortuna, nos establecimos en San Vicente, cuya mayor ventaja era que quedaba a bastante distancia del barrio de Belgrano, donde vivía la inevitable Gisa. Ella usó a mi esposo todo lo que pudo, se hizo regalar joyas y hasta un auténtico tapado de nutria. Cuando él se marchó para siempre a Alemania, Gisa se sintió abandonada y le escribió cartas llenas de reproches. Un día recibí unas líneas de Oskar donde me pedía que hablara con ella para disuadirla de continuar con sus insultos epistolares y que le dijera que, si seguía amenazándolo, jamás volvería a su lado.

En mi vida había tolerado muchas cosas de Oskar, pero aquella carta superaba el límite de lo imaginable. Por supuesto, jamás hice nada de lo que me pidió, ni aludí en mis posteriores cartas a la cuestión de Gisa.

*La separación*

Sin que me diera cuenta, pasé casi ocho años en esa rutina de cuidar coipos y alimentar gallinas. En

1957, el gobierno alemán promulgó una ley por la cual todos los damnificados por el nazismo que hubieran perdido sus propiedades, capitales o profesión durante la Segunda Guerra Mundial, tenían derecho a una indemnización.

Nos llegó a San Vicente una carta en la cual se solicitaba nuestra presencia en Alemania para fijar una reparación por la fábrica de Brünnlitz. La suma que nos correspondía era de aproximadamente un dos por ciento del total, lo que hacía una cifra para nada despreciable, dada la difícil situación por la que atravesábamos en la Argentina.

Luego de conversarlo detenidamente entre nosotros, decidimos de común acuerdo que Oskar viajara a Alemania. Yo me quedaría trabajando en San Vicente y él volvería con el dinero para levantar las deudas que habíamos contraído, pues el negocio de las nutrias distaba mucho de ser tan maravilloso como lo había imaginado mi esposo.

Al principio, Oskar se resistió a hacer el viaje solo. Finalmente aceptó, prometiendo volver en cuanto terminara todos los trámites. Yo intuía que algo iba a pasar. Sin embargo, no le di su verdadera importancia a la larga historia de infidelidades, retaceos de dinero y mentiras que había jalonado nuestra vida en común, echando a perder un amor destinado a perdurar eternamente... Resignada, creí en sus palabras.

Un jueves lo conocí, un jueves me casé y un jueves partió para siempre. Fue en la primavera de 1957 cuando Oskar dejó la Argentina para no retornar jamás. Durante el viaje al aeropuerto apenas cruzamos alguna palabra. ¿Nada teníamos para decirnos, después de casi treinta años de convivencia? ¿Las penurias y las dificultades que sufrimos juntos no habían servido para unirnos? ¿Estábamos tan lejos el uno del otro? Nos habíamos casado muy enamorados, pero nuestra naturaleza era demasiado diferente. Oskar no fue del todo un mal esposo, aunque su inconstancia y sus infidelidades hacían ya imposible que llegáramos a entendernos. Supeditaba el deber a sus deseos y eso era algo que yo no podía comprender ni aceptar. Visto hoy a la distancia, nuestro largo matrimonio fue una especie de milagro. Tal vez para Oskar haya sido una grata costumbre... Nunca se interpuso en lo que él quería hacer. Es más, estar casado conmigo lo ayudó muchas veces a obtener lo que deseaba. Yo no confiaba en él desde hacía bastante tiempo; había dejado de ser la persona con la que podía compartir mis alegrías y mis aflicciones.

Aquel silencio hablaba de la triste situación a la que habíamos llegado. Yo hubiera esperado de Oskar, al menos en ese momento, una mayor sinceridad, ya que habría de ser la última oportunidad de decirme la verdad. Pero nada de eso sucedió. Se despidió de mí sin mirarme a los ojos. Con la cabeza gacha se perdió por la puerta de embarque arrastrando su maleta de mano.

Vi cómo se alejaba su espalda y tuve una rara sensación. Se iba una parte de mí y a la vez un ser extraño. No sabía muy bien a qué o a quién le estaba diciendo adiós...

Volví a la quinta y pateé una de las jaulas. La nutria o el coipo, ya no importaba la diferencia, se sacudió somnolienta y volvió a acurrucarse en un rincón. Pasaban los días y una desconocida ansiedad crecía en mi interior, un vacío empezaba a tomar cuerpo. Me sumergí en el trabajo casi con furia.

## Mis penurias

Mi situación económica se hacía cada vez más difícil. No me alcanzaba el dinero para pagarles a las personas que me ayudaban. Al principio, aceptaron que les diera huevos, animales o frutas, a manera de jornal. El último peón se fue una tarde de invierno diciéndome:

–Doña Emilia, lamentablemente no puedo seguir trabajando en estas condiciones. Tengo una familia que debo mantener y necesito el dinero. Usted fue siempre muy buena conmigo y estoy muy apenado de tener que dejarla. Adiós, Doña Emilia, y que Dios la bendiga.

Bajó la cabeza y desapareció, tras cruzar el portón, en la oscuridad del atardecer.

Tenía ante mí toda la extensión de la quinta, unas cuatro hectáreas, y sólo contaba con mis propias manos. No poseía dinero, sabía apenas unas pocas palabras en castellano, me faltaba un hombre a mi lado y las deudas crecían día tras día. Debía un millón de pesos de aquella época, una suma más que considerable, y no parecía tener posibilidad alguna de saldarla. Así me hallaba, rodeada de animales, con los cuales no podía hablar, pero que me exigían con sus gritos que los alimentara.

¿Había ganado algo al abandonar la Europa de posguerra o era que mi historia de infortunios debía fatalmente repetirse? Sé bien que contar este tipo de cosas puede sonar a que estoy buscando compasión. Nada de eso. Es que al recordar la desesperación que sentía en aquellos momentos no termino de entender cómo funciona el mecanismo de la justicia en este mundo. Hoy me reciben hombres de Estado o me toca hablar ante miles de personas, mientras que en ese entonces la soledad era tan absoluta que no sé cómo pude llegar a soportarla. Las noches se extendían en largas cavilaciones, en las cuales repasaba el pasado, analizaba el presente y trataba de imaginar alguna forma de futuro. Sólo se me aparecían oscuras imágenes de desazón y más de una vez me sorprendió el alba en la cocina de mi casa, con la cabeza entre las manos.

Toda mi comida eran mandarinas que recogía del huerto, un poco de pan y mucho café para mantenerme despierta y poder ocuparme de nutrias, pollos, gansos, perros y gatos. Aquel alimento, con su mezcla de gustos ácidos y amargos, me traía inevitablemente recuerdos de las abundantes cenas en la casa de mis padres.

Una vez por semana, iba con mis pocos ahorros a una carnicería cercana y compraba hígado para mis perros. Al verme entrar, el carnicero siempre decía: "Ahí viene la señora del hígado". Así fue como se me conoció en San Vicente durante mucho tiempo. De regreso en casa, cortaba el hígado en cuadrados y distribuía salomónicamente veinte pedacitos a cada uno de mis tres perros.

## Cartas quemadas

Las cartas de Oskar llegaban muy esporádicamente y parecían calcadas unas de otras. Eran una suma de excusas, dilaciones y relatos confusos, sin la mínima alusión a mis reiterados pedidos de ayuda y a la difícil situación en la que me había dejado. Una sola vez me envió algo de dinero, doscientos marcos alemanes, junto con el *Diario de Anna Frank*. Preferí no ponerme a pensar qué quería decirme con eso.

Poco a poco, su indiferencia y la falta de respuestas verdaderas fueron agotando mi voluntad de esperarlo. Cada vez que le escribía, me juraba a mí misma que sería la última, hasta que finalmente cumplí con mi palabra. Pese a todo, Oskar seguía enviándome cartas. Yo veía los sobres con estampillas alemanas y los arrojaba al fuego sin abrirlos.

Por un extraño presentimiento, decidí no quemar la última carta que recibí de él. Sabiendo que yo estaba en la miseria, me decía: *Querida Emilie... cada vez me estoy poniendo más gordo de tanto comer langosta y tomar buen vino.* ¿A qué venía tanta ironía? Que yo supiera, nunca le había hecho algo malo ni lo había perjudicado en nada. Jamás lo pude entender... Dios sabe cuántas veces lo intenté.

Sentía que Oskar era responsable de la situación en que me hallaba. Me sostenía con la venta de la leche que daban las vacas que yo misma ordeñaba cada mañana. Todos los días recorría quince kilómetros para traerles el pasto que sacaba de la quinta del general Perón. Sin embargo, amaba a esas pobres vacas, a las que saludaba cada noche antes de irme a dormir, sabiendo que, después de todo, les debía mi supervivencia. Cuando veo hoy a mi perro Chupi y esa enorme cantidad de gatos malheridos que no bajan nunca de los veinte, siento que los animales han sido en mi vida una gran compañía.

Siempre me las arreglaba para llegar con fuerzas al día siguiente. Era como un milagro secreto, de esos que uno prepara para sí mismo, con la ayuda de Dios. Fueron muchos los años pasados en esas circunstancias. El tiempo hace que los milagros ya no nos sorprendan, los vivimos con naturalidad y no son para nada naturales. Se lucha, se vence y se vuelve a luchar, sin saber cuándo terminará todo.

Mientras tanto, Oskar recibía en Alemania una indemnización de cien mil marcos por la fábrica de Brünnlitz, según pude enterarme por algunos conocidos. Pero, tal como era de esperarse, jamás vi un centavo de toda esa suma. Saber que había recibido el dinero y que no se hubiera acordado de mí me enfureció y me entristeció aún más. Ponía en tela de juicio no sólo el presente, sino también todo nuestro pasado. ¿Me había vuelto una extraña para Oskar o siempre lo había sido?

## *Los negocios de Oskar*

Nadie supo qué hizo Oskar con aquel dinero. A pesar de su pasión por hacer fortuna, su único éxito en los negocios fue la fábrica de enlozados en Cracovia.

Cuando vivíamos en Ratisbona, le ofrecieron regentear un garaje, algo nada difícil por cierto. Pero como a un amigo se le ocurrió insinuar que semejante ocupación sería humillante para Herr Direktor Schindler, mi esposo desistió de lo que hubiera sido una buena ayuda en aquellos tiempos difíciles.

También recibió una buena oferta de trabajo en la Argentina: comprar y vender bloques para viviendas prefabricadas. Era un negocio aparentemente fácil y Oskar invirtió en ello bastante dinero, sesenta mil pesos sacados de nuestros ahorros. No tuvo tiempo de recuperarlo. Dejó pendiente el asunto al año y medio de empezar, poco antes de partir hacia Alemania.

Yo también tuve alguna oportunidad aquí. Fue en 1952, una tarde de domingo en la que se había reunido un grupo de gente a tomar café en nuestra quinta. Enseguida se armó el juego de cartas: un grupo de hombres y otro de mujeres, al que se unió Oskar, como era su costumbre. Yo no participaba por falta de interés y porque nunca he podido comprender cómo se puede perder tanto tiempo con unos pedazos de cartón coloreado.

Entre los visitantes se hallaba un judío polaco, de gran fortuna, que no parecía muy interesado en el juego. Me preguntó por qué no participaba. Le dije que prefería ocuparme en algún quehacer de la casa. Cuando escuchó mi respuesta, sonrió y sugirió que nos sentáramos en un sillón de mimbre que estaba al otro lado de donde jugaban los invitados.

Era un hermoso día, fresco y soleado. El hombre me dijo que sabía bien quién era yo, la manera en que trabajaba, que conocía mi tesón y puntualidad. Me informó que había una enorme quinta, cercana a la nuestra, propiedad de un norteamericano que la utilizaba sólo durante los fines de semana. El dueño tenía previsto venderla y él quería comprarla para que yo me ocupara de atender un criadero de nutrias. Además podría aprovechar el resto de las cien hectáreas para mi uso personal, sembrando o bien cuidando animales. Parecía dispuesto a convencerme de cualquier manera. Sin embargo, para hablar de nutrias, con mi esposo ya tenía suficiente. Yo lo escuchaba e iba imaginándome la situación: sola, en un lugar tan grande y rodeada de muchísimos más de esos animales, en los que todo el mundo veía, por aquellos años, una fuente inagotable de riqueza. A juzgar por los resultados, no debía ser para tanto.

Por otra parte, esas cosas no eran para Oskar, alguien que, pese a haberse criado en el campo como yo, era decididamente un hombre de ciudad. Por ejemplo, sus distracciones habían llegado a ocasionar la muerte de una hermosa perra que teníamos en San Vicente. Siempre le pedía que tuviera cuidado con el polvo para las hormigas, pero jamás me hacía caso. Una mañana, la perra no vino a saludarme. La pobre yacía envenenada bajo un árbol. Cuando llegó el veterinario, ya era demasiado tarde.

Con el recuerdo fresco de ésta y otras experiencias similares, rechacé una propuesta que, después de la partida de Oskar, hubiera hecho más llevaderos mis años en la Argentina.

Por suerte, alguien informó de mi difícil situación a la organización judía B'nai B'rith. Una tarde de otoño de 1963, vinieron a mi casa de San Vicente unos hombres de traje oscuro, se interiorizaron de todo y, a los pocos días, volvieron con un consejo: debía vender la quinta y usar el dinero para pagar mis deudas. El precio del lugar alcanzó exactamente para ponerme al día. Pero no sobró ni un centavo como para poder empezar de nuevo. Yo ya no era una mujer joven, tenía cincuenta y seis años y estaba, como se dice por este lado del mundo, con una mano atrás y otra adelante...

## Según pasan los años

De pronto, cuando menos me lo esperaba, descubrí que tenía más amigos de lo que pensaba.

El presidente de la B'nai B'rith, el doctor Heinemann, me entregó en usufructo una casa en San Vicente, la misma donde vivo actualmente, que me pertenece por completo hasta el día de mi muerte. También me ayudó mucho Peter Gorlinsky, recientemente fallecido. Él era periodista del *Argentinisches Tageblatt*, el diario de la comunidad alemana en la Argentina, defensor de la causa de la libertad durante los difíciles años de la guerra.

En 1963 se publicaron, en casi todos los diarios y revistas de Alemania, artículos sobre Oskar, a quien bautizaban "Padre Coraje". La noticia llegó hasta Peter, que en respuesta escribió un artículo titulado: "¿Dónde está Emilie Schindler, la Madre Coraje?". Así dio a conocer al mundo que yo seguía con vida. Esto llamó la atención de la comunidad judía y algunos de sus miembros se ocuparon de que yo recibiera una pequeña pensión que, junto con mi jubilación y un subsidio del gobierno alemán, me han permitido mantenerme hasta hoy.

El año 1965 empezó para mí bastante mal. Mi viejo dolor de espalda insistía en hacerse notar, esta vez con nuevos ímpetus, y se agravó aun más cuando intenté levantar una bomba de agua del jardín. Puede sonar un tanto excesivo que una mujer de más de sesenta años se proponga realizar semejante esfuerzo, pero tenía mis motivos para hacerlo: aquel verano fue particularmente caluroso y no llovía lo suficiente como para evitar que las plantas y los árboles del jardín comenzaran a marchitarse y amenazaran con secarse para siempre. Una noche, como consecuencia de los frecuentes cortes de luz que ocurren en San Vicente durante el verano, se rompió la bomba de agua.

Al día siguiente, vinieron dos electricistas, la revisaron y me informaron que no tenía arreglo. La bomba estaba quemada y había que cambiarla por una nueva. Era tal mi indignación contra esa máquina, que me había fallado cuando más la necesitaba, que en cuanto se fueron los hombres traté de sacarla del paso y arrojarla en un rincón, como se lo merecía.

Fue entonces cuando sentí un profundo dolor en la espalda, como si se partiera en dos, y perdí el equilibrio. Deslizándome de rodillas y apoyándome en las manos, conseguí llegar hasta el dormitorio, donde me tumbé en la cama, no sin grandes esfuerzos. Me daba cuenta de que la columna me había vuelto a fallar y no me podía sacar de la cabeza la idea de que jamás podría ponerme de nuevo en pie.

Allí permanecí, acostada durante tres meses, sin dinero para pagarme la visita de un médico y librada a la generosidad de mis vecinos, que mantenían la casa en condiciones y me traían algo para comer. De a poco fui recuperándome y, cuando sentí que ya tenía las fuerzas necesarias, retomé el trabajo.

Siempre he sido una mujer de trabajo, terca y diligente casi hasta la exageración, como buena campesina. Oskar sostenía que ese no poder quedarme quieta era una manía, a la que me sometía por no dar el brazo a torcer. ¿Acaso para ser libre hay que esclavizarse a alguna cosa? ¿O convendrá rendirse, como creía Oskar, a las propias inclinaciones? ¿Cuáles serán mis propias inclinaciones?

Mi mente vagaba de una pregunta a la otra, pero la rutina de todos los días era mucho más simple: trabajar, trabajar, trabajar... Nada de preguntas, nada de decisiones. ¿Será el trabajo la peor o la mejor manera de luchar contra el olvido? No lo sé.

Lo que sí sé es que trabajar casi hasta los ochenta años tuvo sus consecuencias físicas. Mis úlceras empezaron a sangrar nuevamente. Había comenzado con ese problema durante la guerra y el factor desencadenante había sido el terror constante a los nazis.

Esta vez la enfermedad no tuvo contemplaciones. Había perdido tanta sangre que debieron trasladarme de urgencia al Hospital Alemán. Los médicos se quedaron sorprendidos de que hubiera logrado sobrevivir en esas condiciones. Por supuesto, tuve que permanecer internada por veintiocho días.

Allí estaba yo, la inquieta e incansable Emilie, postrada en una cama, con un cansancio que parecía el producto de años. Buscaba fuerzas en mi interior y no las hallaba. ¿Será esto la vejez, me preguntaba, saber que ya nunca más se ha de ser la de antes? Mientras tanto, se sucedían las transfusiones y gradualmente fui recuperando mi salud.

Era octubre y yo pretendía festejar mi cumpleaños de regreso en mi casa. Pero no me dieron el alta a tiempo. Cuando las enfermeras y los médicos se enteraron, se ocuparon de que ese día yo tuviera una torta con una simbólica velita que apagué en mi lecho de enferma.

## *Sueño con Alt Moletein*

Al tener tanto tiempo para mí, no podía detener los pensamientos que se agolpaban en mi mente. ¿Cómo hubiera sido mi vida de no haber conocido a Oskar? ¿Qué habría pasado si no hubiera aceptado su propuesta de casamiento? ¿En qué lugar del mundo me hallaría, bajo qué estrellas, en qué latitudes? Todas estas preguntas me sumían en una profunda tristeza y, mientras las lágrimas corrían por mis mejillas, recordaba con una rara intensidad los tiempos de mi infancia.

Soñaba que volvía a estar allí, en Alt Moletein. Era el 8 de diciembre y festejaba el día de Santa Claus, rodeada del afecto de mi familia. En mi boca revivía el sabor del pavo asado, la especialidad de mi abuela. Pero lo que se repetía con más fuerza en mi memoria eran las escenas de una fiesta que celebrábamos el 1º de mayo, siguiendo una antigua costumbre germana según la cual se plantaba un árbol para ahuyentar a las brujas. Era como si pudiera regresar al sitio donde todo había comenzado. En ese lugar perdido para siempre estaban las semillas de la felicidad o la desgracia... Y yo podía elegir de nuevo.

Despertaba para darme cuenta de que eso no era ya posible, de que el tiempo no vuelve atrás. Pero soñar con Alt Moletein me ayudaba, de todos modos, a sobrellevar tantas horas de soledad.

A fines de octubre, el médico jefe del Hospital Alemán me dijo con una sonrisa:

–Alégrese, Frau Schindler. Mañana se va de alta. Trate de cuidarse cuando esté en su casa. No puede volver a trabajar como lo hacía antes. Debe descansar y reponerse.

Al día siguiente, una ambulancia me dejó en la puerta de mi casa. Cuando entré, me invadió una sensación de irrealidad. Todo estaba exactamente donde lo había dejado y, sin embargo, había algo distinto, imposible de definir. Quizás había evocado tantas veces ese lugar que, al volver a verlo, ya no se parecía a mis recuerdos. En realidad, la que había cambiado era yo. Mis fuerzas estaban agotadas y ya no podía retomar mi ritmo de vida anterior.

## *Emilie en la pantalla*

Un buen día de 1993, recibí una carta de Steven Spielberg invitándome a Jerusalén, acompañada de los correspondientes pasajes. Muy sorprendida y con un poco de recelo, me acerqué a mis amigos de la comunidad judía en Buenos Aires para averiguar de qué se trataba. Por ellos me enteré de que Spielberg estaba realizando una película sobre Oskar y la lista, cuyo final deseaba filmar en la Ciudad Santa con los sobrevivientes de la historia.

Cuando llegué a Israel y me encontré con muchos de ellos, así como con sus hijos y sus nietos, se mostraron sorprendidos de saber que yo seguía con vida en un pequeño suburbio de la Argentina. No era culpa de ellos ignorarlo, pero había otros en Los Angeles, cuyo nombre prefiero olvidar, que sabían perfectamente de mi existencia y habían ganado mucho dinero vendiendo los derechos de la película sin tenerme para nada en cuenta.

Revivir todo me afectó espiritual y físicamente, al punto de que me descompuse y fue necesario llamar a un médico. Ese es el motivo por el que en la película se me ve en silla de ruedas, cuando normalmente sólo necesito un bastón para caminar.

Spielberg volvió a invitarme para la *avant-première* en Washington, a la que concurrieron el presidente Bill Clinton y su esposa Hillary. Me tocó sentarme detrás de personas que eran más altas que yo (lo que, debo confesarlo, no es muy difícil) y no pude ver casi nada. A poco de empezar me quedé dormida.

Recién pude ver completa *La lista de Schindler* otro día. Si bien está basada en un libro que no refleja del todo la realidad, me pareció una excelente película y creo que merece ampliamente todos los premios que ha recibido.

Una de las cosas que más me molestó fue el momento en el que Oskar aparece con su amante, paseando a caballo a las puertas del gueto de Cracovia. Más allá del mal gusto de esta escena, debo señalar que los animales no pertenecían al ejército alemán, como se sugiere en el libro de Keneally, sino que habían sido comprados por mi marido en una historia que vale la pena recordar. La condesa polaca de la casa Von Haller había invitado a Oskar a su residencia. Ella estaba pasando por una situación económica desesperante y necesitaba dinero con urgencia. Según me contó Oskar, un criado con raídos guantes blancos sirvió la cena, que consistía en papas con leche ácida y agua como única bebida. Al terminar tan frugal comida, la condesa, sin perder su aristocrático porte, condujo a mi esposo a las caballerizas y le vendió los animales en cuestión. Los caballos jamás sirvieron para gran cosa, pues eran viejos y no paraban de comer, como si precisaran resarcirse de una vida entera de hambre.

En realidad, mi vida no cambió demasiado a consecuencia de la película. Solamente le debo constantes visitas de la prensa, siempre en busca de noticias con que llenar programas de radio y televisión, páginas de periódicos y revistas... Aunque para ser justa, le debo también el reconocimiento del mundo, pero en una versión no del todo fiel a la verdad.

## Ante la tumba de Oskar

Al llegar a Alemania, Oskar se instaló en Frankfurt, en una cómoda casa ubicada en la Bahnofstrasse. Realizó varios viajes a Israel y a los Estados Unidos, e incluso pasó una temporada en París. Dirigió por un tiempo una fábrica de azulejos, que terminó quebrando por motivos que desconozco, pero que puedo llegar a imaginarme. Toda esta información me fue llegando a través de conocidos, después de que nuestra correspondencia se interrumpiera. Llegué a saber que se hacía pasar por soltero y que, cuando alguien le preguntaba por mí, decía que yo me hallaba muy bien en la Argentina y que pronto volvería junto a él.

En el transcurso de un viaje a Jerusalén, sufrió un ataque cardíaco y debió regresar a Alemania, donde le colocaron un marcapasos. Poco tiempo después se repuso y, en lugar de dedicarse a una vida tranquila, como correspondía a su estado de salud, siguió con sus acostumbrados excesos en materia de mujeres y, sobre todo, de alcohol.

Un mes antes de morir, Oskar había decidido retornar a la Argentina, pero su última amante se opuso, tal vez por temor de que quisiera volver junto a mí...

No creo que yo lo hubiese aceptado. Cuando desde la B'nai B'rith me informaron de su muerte, hacía mucho tiempo que Oskar había muerto para mí. En realidad, él mismo se había matado dentro de mí con su desaprensión y su desapego.

Hasta mi viaje a Alemania, en marzo de 1995, estaba convencida de que Oskar había muerto de un ataque cardíaco. Sin embargo, allí me dijeron que no había sobrevivido a la operación por la que se pretendía suplantarle el marcapasos por uno nuevo. Según me informaron, falleció en un quirófano de una clínica de la ciudad de Rüdesheim, en 1974.

Luego me llegaron rumores de que el médico a cargo de la operación era el marido de una de sus ex amantes. No puedo levantar cargos, ni siquiera quiero permitirme una sospecha, pero la situación es, por lo menos, extraña: un hombre que se entrega, indefenso, a las manos de un potencial enemigo... En cierto sentido, el último juego de Oskar con el peligro.

En la catedral de Frankfurt, se celebró una misa en su honor. Ryziard Rechen, el conductor del camión en nuestra huida de Brünnlitz, hizo trasladar el cuerpo de Oskar al cementerio de Jerusalén, cumpliendo así su último deseo: ser enterrado en suelo judío.

Recién treinta y siete años después de su partida pude visitar su tumba gracias a la película de Spielberg. Jamás se me ocurrió que habríamos de encontrarnos de esa manera: él muerto y yo convertida en una anciana que debió ser trasladada hasta allí en una silla de ruedas.

Llegué hasta su lápida e hice lo que habían hecho los demás. Coloqué un guijarro sobre su tumba y le hablé con el pensamiento:

*Bueno, Oskar, al fin nos hemos encontrado, aunque no sea este el momento oportuno para reproches y quejas. No sería justo ni para ti ni para mí. Ahora estás en otro mundo, el de la eternidad, y ya no puedo preguntarte tantas cosas que en vida me hubieras contestado con evasivas... Y la muerte es la mejor de las evasivas. No tengo respuesta, querido, no sé por qué me abandonaste... Pero lo que mi vejez y tu muerte no pueden cambiar es que seguimos siendo esposos, Dios nos reconoce como tales. Te he perdonado todo, todo...*

Musitando estas palabras, dejé que empujaran mi silla de ruedas por la leve pendiente que conduce hasta la piedra que cubre sus restos en la parte de afuera del Cementerio Judío de Jerusalén. Sabía que de alguna manera había conseguido llegar hasta él con la fuerza de mis pensamientos y sentí que, después de mucho tiempo, una rara paz interior se apoderaba de mí.

# MEMORIAS

## *Al pie del avión*

Lunes 6 de febrero de 1995. El verano este año se dedica a hacer cosas raras. Pasamos en el mismo día de una temperatura de treinta y ocho grados a una de diez, mientras una tormenta parece abrir el cielo en dos. Trato de reírme de tanto despropósito climático, pero mi salud se resiente con tantos cambios y debo permanecer en cama. Ayer mi pie derecho parecía estar paralizado y cada vez que pisaba sufría unos dolores espantosos.

Intento distraerme con mi pasatiempo favorito cuando no puedo ocuparme de las tareas de la casa: leer el diario y escuchar noticias por la radio. No sé por qué insisto; el día de hoy, como casi todos los demás, está poblado de catástrofes. ¿Será que tantas desgracias nos hacen sentir menos desdichados? Yo estuve inmersa en una catástrofe extensa, interminable, difícil de explicar. Pero nadie parece aprender nada. La destrucción y la muerte se expanden por el planeta como una plaga.

Yo conocí las miserias de la guerra y quisiera poder llegar con mis palabras a tantos corazones equivocados que creen que el odio y la muerte solucionan algo. Más bien es entonces cuando todo se pierde: el amor, los afectos, la dignidad... Cosas que luego ya no se recuperan más.

Cuando la gente me felicita por lo que Oskar y yo

hicimos, cuando recibo condecoraciones de gobiernos y embajadas, me dan ganas de preguntar si no debería ser una obligación para todos y cada uno salvar de la muerte a cualquier persona, sea cual fuere su color, su raza, su nacionalidad o su religión.

Mi memoria está repleta de amargos recuerdos. Cuando se cumplió el quincuagésimo aniversario de la liberación de los prisioneros de Auschwitz, no pude sino sentir que mi piel se ponía tensa y la recorría un pavor que, pese al tiempo transcurrido, sigue siendo una presencia cercana. Pues allí murieron, según las terribles estadísticas nazis, un millón cien mil personas, la gran mayoría judíos.

Leo en los libros estas cifras y, a pesar de haber estado tan cerca de allí, de haber sentido los ecos del horror, todavía me resulta absolutamente incomprensible. Por eso me parece tan grandioso el gesto del perdón. Supone a la vez comprender y no olvidar, apostar a la vida sin abandonar la memoria de los muertos ni el afán de justicia.

## *Amar y maldecir*

En marzo de 1995 se inició uno de los viajes más importantes de mi vida. Iba a ser recibida en Roma por el Santo Padre. Mi programa comprendía una audiencia con el Papa y luego un encuentro con el Gran Rabino de Roma. Posteriormente, me trasladaría a Bonn, invitada por el gobierno alemán, donde habría de entrevistarme con el presidente Roman Herzog y con Rita Süssmuth, la presidenta del Parlamento Alemán. Imagínense, una campesina como yo, hablando con algunas de las personas más influyentes del planeta. Ya tenía la experiencia de haber estado con Bill Clinton, pero esto era muy diferente, pues yo era la única invitada de honor.

De todas maneras, no podía dejar de preocuparme por mi salud. El viaje era largo y mi agenda estaba llena de actividades. Pero todavía me quedaban algunos días para preparar las cosas y dejar todo ordenado en casa.

Desde hace algunos años, trabaja conmigo un muchacho de nombre Leandro, que se ocupa de hacer las compras, de mantener el jardín y de acompañarme cada vez que tengo que salir, pues me da miedo andar sola en la calle. En cualquier momento pueden fallarme las piernas. Me duelen a veces de tal manera que no sé si llorar o maldecir...

Como a decir verdad estoy un poco harta de llorar, maldigo y recuerdo palabrotas en alemán que felizmente en la Argentina casi nadie entiende. Maldecir e insultar me alivia, aunque es cierto que no me cura.

Lamentablemente, la prensa dio a conocer la noticia de que iría a visitar al Papa, por lo que mi casa se convirtió en un desfile de gente que quería hacerle llegar alguna cosa a Juan Pablo II: un libro, una carta, una reliquia familiar... Hasta hubo quien me pidió que le contara que su madre muerta se le aparecía en sueños. El teléfono no dejaba de sonar con pedidos similares. Trataba de explicarles a todos que lo que me pedían era imposible y sentía que, aparte de perder el tiempo, se me iba agotando la paciencia. Así que, nerviosa como estaba, mis maldiciones más de una vez encontraron destinatario entre aquellos que pretendían usarme de correo papal.

Por fin llegó el día de la partida. Me levanté de la cama más temprano que de costumbre. Fui a la cocina y me preparé un buen café: negro como la noche, caliente como el infierno y dulce como el amor... Tuve un recuerdo para Oskar, pero no pude evitar que volviera a mi memoria la escena de su partida. Fue tal la furia que se apoderó de mí que derramé la mitad del café, que efectivamente estaba tan caliente como el infierno, sobre mi salto de cama.

Oskar seguía representando mucho para mí y eso no me gustaba nada. Quería emprender aquel viaje simplemente como Emilie. En ese momento no sé a quién odié más, si a él o a mí, por no poder desprenderme por completo de su recuerdo.

Me propuse concentrarme en lo que tenía que hacer y dejar de lado los asuntos del pasado. Miré en el guardarropa y elegí las prendas que quería llevar: un vestido negro con rayas blancas que me habían regalado en Miami, dos trajes, una blusa azul muy elegante y un tapado negro que me había comprado especialmente para el viaje junto con una pequeña valija que no resultó muy difícil de llenar.

El camino hacia el aeropuerto de Ezeiza estaba atestado de vehículos. Sentía cierta urgencia en llegar, aunque me sobraba el tiempo. Habitualmente no puedo tolerar la idea de que me sobre el tiempo. Por entonces, un periodista me preguntó qué planes tenía para el futuro. Simplemente le respondí:

–Los jóvenes no deben morir, pero los viejos tienen que morir...

Sí, así de simple. No tiene ningún sentido hacer planes a los ochenta y siete años. El día de mañana es siempre inseguro cuando se llega a una edad como la mía.

MEMORIAS

En el viaje volvió a invadirme el recuerdo de la figura de Oskar. ¿Hasta cuándo Oskar? ¿Es que no resultan suficientes los años que pasamos juntos? ¿Cuánto dura el amor? ¿Será la pasión un sitio del que no se puede salir sino con la muerte?

## La eterna Roma

Viajé a Roma en compañía de Erika Rosenberg, quien me impulsó a escribir este libro. Cuando llegamos al aeropuerto de Fiumicino, una multitud de periodistas estaba esperándome para ametrallarme con las preguntas de siempre y otras que, no siendo las de siempre, resultaban bastante parecidas: ¿cuánto tiempo se quedará? ¿Dónde se hospedará, *signora* Schindler? ¿Llegó a divorciarse de su esposo?

Nadie parecía ver que frente a ellos estaba una mujer anciana, extenuada por el largo viaje. Querían saberlo todo ya, enseguida... para poder pasar a otra cosa. Les respondí con monosílabos. Quería salir de allí cuanto antes. Por suerte, Erika tomó la decisión de arrastrarme de un brazo y alejar a la prensa del lugar. Subimos a un Lancia de color oscuro que nos llevó rápidamente hasta el hotel.

Miré a través de la ventanilla, mientras trataba de recordar lo que había aprendido sobre Roma en la escuela de Alt Moletein, pero lo único que resonaba en mi mente era la voz cascada del profesor de historia, demasiado lejos en el tiempo como para que pudiera volver a escucharla.

De pronto decidí preguntarle al conductor por todo aquello que veían mis ojos. El hombre, enfundado en un traje oscuro con el que parecía más un empresario que un chofer, contestó cada una de mis preguntas con amabilidad y erudición. Contó algunas cosas sobre Roma, que gradualmente fui reconociendo en mi cabeza. Además, el buen hombre recordaba de manera asombrosa el nombre de cada una de las iglesias por las que pasábamos, lo que no es poco considerando que hay más de seiscientas en Roma.

Nos alojamos en el Albergo D'Inghilterra, situado en la calle Boca di Leone. La habitación que nos habían destinado era hermosa y estaba decorada en un estilo a la vez suntuoso y austero. Sobre la cabecera de mi cama, me daba la bienvenida un delicado retrato de Santa María con el niño Jesús en brazos, que me hizo retroceder a los tiempos de mi adolescencia en la escuela de monjas. Volvía a ver, como a la distancia, mi cuerpo menudo y de rodillas rezándole a Dios y pidiéndole cosas que nunca habrían de cumplirse...

Todo en el cuarto parecía estar teñido de una atmósfera solemne, como si la visita que iba a realizar al Santo Padre lo invadiera todo.

Al día siguiente, y según mi costumbre, me desperté a las seis de la mañana. Todavía en la cama, revisé una vez más los horarios: a las once, audiencia con Juan Pablo II; a la una, conferencia de prensa en la embajada argentina ante el Vaticano.

Sin prestarle la menor atención a los dolores del viaje, me dirigí a la ventana y la abrí de par en par.

Ante mis ojos se erigían los famosos techos de Roma, con sus pizarras rojizas, y más abajo los balcones repletos de flores multicolores. El sol refulgía en un límpido cielo azul, llenando de claridad la mañana. La primavera se mostraba en plenitud y sentí que algo de razón había en esa antigua frase: "Todos los caminos conducen a Roma".

## ¿Quo vadis?

Luego de desayunar plácidamente nos dirigimos a la puerta principal, donde una limusina negra nos esperaba para llevarnos al Vaticano. Antes de subir a aquel lujoso auto, descubrí un cartel que decía: *Horaz Sienkiewicz, escritor polaco, autor del libro* Quo Vadis.

No entendí qué hacía allí esa placa, pero su presencia me sumió en una oscura reflexión. Pensé que toda mi vida había sido un constante preguntar: *¿Quo vadis*, a dónde vas, Emilie? Al menos lo fue desde Deutschbrod, cuando me vi obligada a desprenderme de mi pasaporte para salvar la vida. Un día tuve que viajar en barco a un país desconocido y en ese momento me encontraba, tras un largo periplo en avión, ante las puertas del Vaticano, nada más y nada menos que para entrevistarme con el Papa. ¿Eran esas dos mujeres, la de antes y la de ahora, la misma mujer?

La limusina frenó bruscamente y me hizo volver a la realidad. Esta vez sabía perfectamente adónde iba, aunque jamás me lo hubiera imaginado. Mi alma estaba en paz y sentía que la belleza de la ciudad y el florecer de la primavera se asociaban a mi fiesta personal.

De pronto se alzó ante nuestra vista la imponente

cúpula de la Catedral de San Pedro. La plaza estaba abarrotada de fieles, jóvenes y viejos, que esperaban, de pie o sentados en el suelo, la aparición de Juan Pablo II. Atravesamos la plaza y entramos en una galería con bancos, donde debimos esperar casi una hora hasta que apareció el Santo Padre acompañado de sus pontífices y cardenales.

El Papa iba vestido con una túnica roja atada con una faja negra, pues habíamos llegado para la Cuaresma. Su séquito lucía sotanas negras y una banda roja cruzada en el pecho. Juan Pablo II se paró delante de mí, mientras yo me levantaba del asiento y posaba mi vista en sus profundos ojos claros.

El alzó la mano y me bendijo, tocándome la cabeza. Quise decirle algo, pero nada salía de mi boca, estaba paralizada y temblaba de emoción. Entonces me habló en un perfecto alemán:

—Yo sé bien quién es usted y le agradezco mucho lo que hizo. En Polonia, especialmente en la región de Cracovia, gracias a usted y a su marido se salvaron muchos polacos judíos, pero también vuestro ejemplo de solidaridad salvó a polacos católicos.

Agregó que el pueblo de su país natal sentía por mí un gran respeto y cariño. Yo le entregué un pergamino invitándolo a inaugurar una sala con el nombre de Oskar y el mío en la Casa Argentina de Jerusalén. Él lo miró y retomó su camino en dirección a otro grupo de personas, dejando tras de sí un recuerdo que me acompañará hasta el día de mi muerte.

Cuando salimos de la Santa Sede, el viento soplaba con gran fuerza. Mis cabellos se alborotaron y traté de acomodármelos con los dedos. En mis manos busqué los rastros de la bendición papal.

## *Una marca en la piel*

No menos conmovedor fue el encuentro con el Gran Rabino de Roma, donde viven aproximadamente treinta y cinco mil de los sesenta mil judíos que hay en toda Italia.

Un hombre bastante mayor y vestido completamente de gris se acercó a mí con el sombrero en la mano. Se había arremangado el brazo izquierdo y lucía, con una mezcla de orgullo y tristeza, los números que sobre la piel le habían marcado a fuego los nazis. Había pasado por tres campos de concentración: Auschwitz, Dachau y Treblinka. Si había logrado salvarse, había sido gracias a su fuerza de voluntad y a la ayuda de Dios.

Luego de contarme estas cosas, me tomó del brazo y me ayudó a entrar en la sinagoga. La historia del Holocausto se ponía de manifiesto en todas partes, negándose a morir. La presencia del hombre me retrotrajo a Plaschow, a las SS, a Amon Goet... Habiendo conocido de cerca a los verdugos, podía comprender cómo debió haber sido la vida de las víctimas en los campos de concentración. Comparar a los nazis con animales no sirve para entender toda la crueldad de la que eran capaces. Fueron el Mal en su forma más perfecta y absoluta, algo que nada tiene que ver con la Naturaleza, sino con la parte más infame y atroz del espíritu humano.

La recepción que me brindó el Gran Rabino fue realmente magnífica. Me obsequió dos hermosos libros sobre la historia de los judíos en Italia y luego me condujo a una sala adornada con viejos pergaminos y escrituras, en cuyo centro había una mesa redonda sobre la cual se erguía un enorme candelabro de madera con siete velas. Sus palabras, evocando los años de la guerra, lograron llegarme al corazón.

Confundida por esa extraña mezcla de emociones y alegrías, preferí bajar del auto en Piazza Spagna y caminar las dos cuadras que faltaban para llegar al hotel.

Al mediodía del día siguiente, abandonamos el hotel y recorrimos esas calles que habían logrado, en tan poco tiempo, hacérseme familiares. Todo fue gentil en Roma: el clima, la ciudad y, sobre todo, la gente, tan abierta y cordial.

Pero una fea sorpresa nos esperaba en el aeropuerto. Esa misma mañana se había declarado una huelga de maleteros. Por suerte, pudimos conseguir que alguien nos ayudara, pero los nervios me habían dejado al borde del agotamiento. Toda la emoción del encuentro con el Papa y el Gran Rabino, el paseo por la ciudad y el hostigamiento de los periodistas eran demasiado para mí.

Casi sin aliento, subí al avión de Lufthansa que nos llevaría a Frankfurt. La voz del capitán, dirigiéndose a los pasajeros en alemán, me ayudó a tranquilizarme. Era recobrar algo familiar, entrañable... La nave despegó pocos minutos después y se alejó sobrevolando los suburbios de Roma. Ver el mundo desde arriba me fascina, y cada vez que vuelo trato de sentarme del lado de la ventanilla. Todo se va achicando, las ciudades parecen casas de muñecas y los ríos se asemejan al trazo de un lápiz oscuro sobre un mapa multicolor. Todo sentido del tiempo y del espacio se desvanece. Volví a encontrarme con los Alpes en cuanto el avión cruzó la frontera. Los había visto por última vez con Oskar, cuando viajamos por tierra, de Munich a Génova, para tomar el barco que nos llevaría a la Argentina.

## El sabor de la nieve

En el aeropuerto de Köln-Bonn nos salió al encuentro una joven rubia, vestida con un trajecito color pastel, que con voz suave y casi tímida me preguntó si yo era Frau Schindler. Se trataba de Julia Pabsch, la hija del embajador alemán en Buenos Aires. Me informó que se ocuparía de nuestra estadía en Bonn.

Subimos a un Mercedes Benz de color negro y, tras media hora de viaje, llegamos al Hotel Bristol, que me impresionó por su lujosa entrada, cubierta por una alfombra roja que conducía a dos restaurantes y a una espaciosa recepción. Todo se veía tan amplio y confortable que paladeé por anticipado la semana que nos esperaba allí.

Lo primero que hacen los naturales de Bonn es recordarle a los turistas que están en la ciudad natal de Beethoven. Yo no fui la excepción a esta regla y tomé debida nota de ello. Sin embargo, cuando llegó la hora de las explicaciones históricas y geográficas me quedé plácidamente dormida. Menos mal que a una vieja se le perdona casi todo y mi descortesía fue recibida hasta con beneplácito. Dormirse en un lugar es una manera de mostrar que uno se encuentra a gusto, ¿no es así? Al otro día, amaneció frío y ventoso. La primavera parecía ser patrimonio exclusivo de los romanos. En Bonn nadie parecía haberse enterado del cambio de estación. Al sentarme a la mesa del desayuno, cubierta de tantas exquisiteces, recordé los paquetes que recibíamos en Ratisbona después de la guerra. Parecía mentira que en tan sólo cincuenta años todo hubiera cambiado de esa manera. La camarera se acercó a mí con una sonrisa y pronunció estas previsibles pero mágicas palabras:

–*Guten Morgen, Frau Schindler*.

Era el primer buen día en alemán que recibía en muchos años. Sonaba extraño y agradable, como una melodía que vuelve a escucharse en un disco olvidado y polvoriento.

Al salir del hotel estaba nevando. Casi cincuenta años pasados en un lugar del mundo donde no se conoce la nieve me habían hecho olvidar su consistencia, ese frío gozoso que se disuelve en las manos. Tomé un copo y me lo llevé a la boca. Allí estaban los sabores de mi infancia: la Navidad, los paseos por el bosque convertido en una alfombra blanca, las grandes pelotas que hacíamos para nuestras batallas campales con Rita Gross y otros compañeros... Mi hermano terminaba imponiéndose siempre y yo me retiraba a un rincón sin aceptar del todo la derrota, repitiéndome: "Estamos derrotados pero no vencidos, en esta batalla nadie muere". Un lema que pondría en práctica durante toda mi vida.

## Reencuentro con Traude

Una gran emoción me esperaba al día siguiente de mi llegada a Bonn: mi sobrina Traude, a quien no veía desde que abandonamos Europa, vendría a visitarme junto con su esposo.

Vivían en las cercanías de Munich y decidí ir a recibirlos a la estación. Recuerdo que en al andén hacía mucho frío y por los altoparlantes anunciaron que el tren llegaría con treinta minutos de retraso. A pesar de estar muy abrigada, no podía parar de tiritar. Me veía en Konstanz, vestida casi de verano, a orillas del mismo río que baña a Bonn, muerta de hambre, esperando vaya a saberse qué.

De pronto aparecieron dos siluetas corriendo por la plataforma y gritando: "¡Tía Millie, tía Millie!". Eran Traude y Nini, su esposo. Me abrazaron antes de que tuviera tiempo de arreglarme el cabello para mostrarme más presentable. Vernos después de tanto tiempo nos enmudeció. Nada venía a nuestros labios, aunque tuviéramos tanto para decirnos. Todo quedaba guardado en nuestros ojos, que no se cansaban de mirarse.

Reconocí en Traude a la dulce niña que había educado, criado y consentido como si fuera mi propia hija. Por supuesto, el tiempo había pasado también para ella, pero sus ojos y su risa conservaban todavía el brillo y la incomparable simpatía de aquellas épocas. Siempre seguirá siendo mi pequeña niña. Nunca dejé de pensar en ella, a pesar de la distancia. Me preguntaba qué estaría haciendo, cómo le iría en la vida, si se acordaría de su tía Emilie.

En cuanto se enteró de mi viaje a Alemania, Traude me llamó por teléfono y me dijo que iría a visitarme adonde fuera... Y allí estaba, con su tapado verde y su enorme sonrisa, repitiendo mi nombre una y otra vez.

Mientras tomábamos algo caliente en un antiguo salón de paredes muy blancas, puertas espejadas y butacas de terciopelo rojo, mi sobrina sacó de su cartera un pequeño sobre repleto de viejas fotos de familia.

–Son las del álbum que me regalaste en Brünnlitz –dijo Traude, con lágrimas en los ojos–. Las he guardado como un tesoro todo este tiempo. Te pertenecen, tía Emilie.

Aquellas fotos eran el único testimonio que quedaba de mi familia, de mi infancia, de mis años con Oskar... Se habían salvado de la catástrofe gracias a Traude. Cuando llegaron las tropas rusas, mi sobrina estaba con su madre y sus dos hermanos más pequeños, Klaus y Elli. Un soldado golpeó la puerta y les ordenó abandonar la casa con las manos en alto. Traude, que no estaba dispuesta a desprenderse de aquel tesoro, tomó el álbum y salió corriendo. Como era demasiado grande y no cabía entre sus ropas, arrancó las fotografías y las escondió bajo su pulóver.

Caía la tarde y nosotras seguíamos en aquel viejo salón tomadas de las manos. Mirábamos juntas las fotos y recordábamos pequeñas anécdotas que estaban ausentes en los retratos:

–Te acuerdas, tía Millie, de aquella noche en que querías ir al cine con el tío Oskar y yo insistía en salir con ustedes, por más que me repetían que no habrían

MEMORIAS

de llevarme. Al final te enojaste tanto que me pegaste en el trasero dos veces. Reíamos evocando sus travesuras. Cuando niña, Traude era capaz de agotar la paciencia de un santo. Ahora la veía convertida en una mujer inteligente y juiciosa, casada con un apuesto ingeniero italiano y madre de una hija de veintiséis años. A pesar de los años, no había perdido su maravilloso sentido del humor y seguía siendo, en el fondo, aquella hermosa muchachita coqueta, seductora e irresistible, igual que Oskar, para todos los que la rodeaban.

Traude me devolvió, con esas fotos, una parte importante de mi vida. Por eso he querido incluirlas aquí, para que ustedes las vean. Pueden mirarlas y volver a encontrarse con mi historia. Si se mira bien, está toda allí... completa, sin mentiras.

*Visita al presidente*

Una tormenta de nieve fue el corolario de aquellos días felices y destemplados. Los copos se depositaban sobre los techos de las casas y los árboles adquirieron una cobertura blanca y festiva que era arrancada por el viento en múltiples direcciones. El clima no estimulaba a salir del hotel, pero sabía que el presidente Roman Herzog me estaba esperando a las ocho y media. Estaba tan ansiosa y excitada que desistí del desayuno y salí hacia mi cita con apenas un café negro y un calmante en mi estómago.

El lugar de la reunión con el presidente Roman Herzog no quedaba muy lejos del hotel. El auto tomó una avenida paralela al Rin, cuyas espesas y opacas aguas trajeron a mi mente una vieja canción alemana:

*No sé qué significa todo esto, ni por qué estoy*
*[tan triste.*
*Me viene a la memoria un cuento muy antiguo.*

Tararée *Lorelei* sin la letra, desafinando un poco, ante la mirada divertida de Erika, que jamás me había oído cantar. Poco después llegamos a la casa de gobierno y fuimos recibidos por un funcionario que nos llevó a una sala más larga que ancha, con las paredes cubiertas de pinturas. El sitio no era muy agradable, demasiado solemne tal vez, pero por suerte el presidente Herzog no lo fue. No me hizo preguntas sobre la guerra ni pretendió indagar en mi vida. Se interesó por mi estado de salud, deslizó algún comentario, entre gracioso y oficial, sobre la Orden al Mérito que me había otorgado la embajada alemana en Buenos Aires y que yo lucía especialmente para la ocasión y me contó cosas de su vida familiar y de su niñez en Baviera.

Herzog me pareció un buen hombre, que supo adivinar lo cansada que estaba de andar revolviendo en el pasado. Delicadeza, que lo llaman, algo que extraño tanto... Tal vez el mayor mérito de Oskar y el secreto de su irresistible seducción.

El retorno al hotel fue bastante menos grato. Tantas pastillas tomadas para calmar mi dolor de huesos me habían revuelto el estómago y, para peor, los huesos seguían molestándome. En esa situación inicié mi regreso a la Argentina, mi segunda patria.

## Mi retrato

En cuanto llegué a San Vicente, me fui a mi habitación, totalmente dispuesta a colocar la cabeza en la almohada y quedarme profundamente dormida.

Me cambié y me metí en la cama. Sobre mi mesa de luz había una revista alemana con un reportaje a Emilie Schindler. Sin demasiada curiosidad por el personaje, me puse a hojear las páginas y me encontré con una enorme fotografía de aquella anciana señora.

Verme me dio ganas de leer el artículo. Bajo la luz del velador, se agrandaron aun más las arrugas en el rostro de Emilie, haciendo que se desparramaran por cada rincón de su rostro: en las mejillas, en la frente, en los párpados que parecían una tela de araña tejida a los apurones... Esa vieja era yo, pensé. ¡Qué vieja, qué terriblemente vieja! En ese retrato se resumía mi vida. Lloraba y me reía al mismo tiempo. Comprendía que cada arruga era como un renglón en el libro de mi vida y que no sólo el tiempo había sido su autor.

# Epilogo
## *Un brindis por la vida*

Bueno, creo que no tengo nada más para contar. Ya lo saben todo de Emilie, de su infancia, de su primer y único amor, de la lista de Schindler, de su vida después de la guerra, de su viaje a la Argentina... Conocen ya su alma, sus alegrías y sus tristezas.

Me propuse salir de las sombras y, a lo largo de estas páginas, me he esmerado por arrojar la mayor luz posible sobre el pasado. Lo he hecho desde este lugar del mundo aparentemente tan lejano, donde vivo rodeada de perros y gatos que, aunque no hablen, son una grata compañía. Pero sólo las palabras son lo contrario del silencio. Las viejas palabras alemanas que usé para escribir este libro y que fui redescubriendo de a poco entre los pliegues de mi cansada memoria.

Es tan extraño... Cuando empecé a escribir, no

suponía que el recuerdo de tantos hechos permaneciera cautivo en mi mente. Emilie es mejor de lo que yo pensaba. Muchas veces temí que, al llegar al capítulo final de mis memorias, todo tendría ese toque un poco amargo y desesperanzado de las despedidas. Pero no es así, ni tiene por qué serlo. Tuve la fortuna de ayudar a personas que estaban en la desgracia y creo haber contribuido, en la medida de mis fuerzas, a tratar de hacer de este mundo un lugar mejor para vivir.

Reencontrarme con aquella Emilie laboriosa que regateaba en el mercado negro, que iba de una parte a la otra de la fábrica de Brünnlitz y que odiaba secretamente a los nazis me sirvió para darme cuenta de que, a pesar de todos mis errores, mi vida no ha transcurrido en vano. Que ustedes estén leyendo estas últimas líneas lo confirma.

La moraleja de mi historia es simple: un semejante tiene siempre derecho a la vida. Como tantos otros durante la guerra, creo haber experimentado en carne propia que aquello de "amaos los unos a los otros" no es sólo una frase y que se trata de algo que, aun en las peores circunstancias, vale la pena que pongamos en práctica. Los descendientes de la lista de Schindler así lo demuestran: viviendo, multiplicándose, recordando...

Amar a nuestros semejantes. Eso es la vida, tal como lo aprendí desde niña: amar y luchar... He escrito este libro con la esperanza de que sirva a los demás, pues son los otros quienes le dan sentido a nuestros actos. Como aquella noche en que decidí narrar mis memorias, vuelvo a levantar mi copa para celebrar y dar las gracias a Dios.

Brindo por todos ustedes, mis semejantes. Espero que, al cerrar este libro, quieran brindar por mi esposo... Y también por mí.

EMILIE SCHINDLER

# Índice

PRÓLOGO
*Desde el otro lado del mundo* .......................... 7

PRIMERA PARTE
*Infancia en Bohemia*

Bajo el signo de Libra, 15; La visión de los caballos, 19; Cuentos de gitanos, 21; El silencio de mi padre, 23; La Teniente Mayor; 25; Mi hermano Franz, 26; Mi educación, 29; La risa de la abuela, 30; Adiós a la inocencia, 33.

SEGUNDA PARTE
*Conociendo a Oskar*

El principio de la electricidad, 37; Detrás de las palabras, 39; La asceta y el sibarita, 42; Conmigo o contra mí, 44; Espías del Reich, 45; La muerte y sus anuncios, 49; Algo de historia, 52; Las persecuciones, 54.

### Tercera parte
### *La lista de Schindler*

Polonia ocupada, 59; La cocinera y el militar, 64; Palomas en libertad, 66; Los rumores de Auschwitz, 67; La soledad de los hospitales, 68; Bombas sobre Mahrisch Ostrau, 71; La guerra es un buen negocio, 73; La fábrica de enlozados, 75; Cigarrillos y perros malhumorados, 77; Retrato de Amon Goet, 78; Nazis en venta, 81; La lista de Schindler, 83; Auschwitz, el horror sin fin, 86; Hilde y el rescate de las mujeres, 90; Como el Ave Fénix, 91; Los días en la fábrica, 93; Una dama aristocrática, 96; Mis primeros delitos, 98; Los judíos de Goleschau, 101; Viktorka, 104; Esperando a los rusos, 105; Alemania se rinde, 107; Las palabras exactas, 109.

### Cuarta parte
### *Después de la guerra*

La despedida, 113; Sin rumbo, 116; Los otros Schindler, 118; Perdido en el agua, 120; El hotel de Dios, 121; En marcha, 123; El refugio, 126; Ratisbona, 129; El hijo perdido, 132; Ultima imagen de Franz, 134; Dinero y amor, 135; Camino a América, 137; Un viaje infernal, 138.

### Quinta parte
### *Un nuevo hogar*

Con buena salud, 143; La quinta de San Vicente, 146; Las nutrias, 148; Los amores de Oskar, 149;

# MEMORIAS

Gisa, 152; La separación, 153; Mis penurias, 156; Cartas quemadas, 158; Los negocios de Oskar, 159; Según pasan los años, 162; Sueño con Alt Moletein, 165; Emilie en la pantalla, 166; Ante la tumba de Oskar,, 168; Al pie del avión, 171; Amar y maldecir, 172; La eterna Roma, 175; ¿Quo vadis?, 177; Una marca en la piel, 179; El sabor de la nieve, 181; Reencuentro con Traude, 183; Visita al presidente, 185; Mi retrato, 187.

Epílogo
*Un brindis por la vida* ...................................189

Esta edición
se terminó de imprimir en
Cosmos Offset S.R.L.
Coronel García 444, Avellaneda,
en el mes de marzo de 1996.